# 12 Treaties that Changed the Course of Korean History

## About Treaty

Literally, the word treaty(Jo-yak(=條約)) in Korean means tying twigs. Once upon a time, it was originated from making agreements with tied twigs. Now, Jo-yak is being used as a term that refers to agreement between countries or governments.

In other words, it is a treaty that two countries make in agreement about issues in the form of an official document. In general, an agreement between countries is called 'International Treaty.'

International treaties include contents that two countries need from each other- such as how to fix a border, what to exchange periodically, how to decide the tax rates on products for trading. When agreed, they sign the treaty and leave it on record.

Because an international treaty is a promise between countries, it has strong influence to their people. In other words, a country that has a treaty including favorable contents will have great benefits, but the other country with an unfair treaty will give its people difficulties.

Furthermore, treaties have changed the destiny of countries in addition to the stream of human history.

Because a treaty is a promise signed by a representative ruler, wisdom and perspective of leaders are very important. Looking back at our history, there were many treaties. Among these treaties, some made Koreans happy, but the others drove Koreans to tremendous misfortune. For example, 1910 Korea-Japan Annexation Treaty forced Koreans into colonial slavery. Why did such a thing happen? Wasn't there any way to stop it?

This is why I looked back in our history focusing on treaties. I saw the backgrounds, motives, specific processes, and the conclusions of the treaties, and I calmly evaluated their significance. I thought that we will be able to cope well with similar situations in the globalized society today if we know our history properly.

I have selected 12 different treaties that have given great impacts on our history. I saw them from various perspectives and found out interesting back-stories. Because the terms of the treaties are generally stiff and boring, I chose a story composition that you can read comfortably.

A treaty is the history of compromise as well as the history of inequality. Some treaties were signed as the countries split the difference in order to avoid a war or a conflict. On the other hand, some treaties were joined, as a country threatened the other by force. Also, two countries are seldom equally satisfied, even after careful decisions have been made.

Therefore, we need to know what we have to prepare and how we should respond with the help of *12 Treaties that Changed the Course of Korean History*. It is very important to understand the other side and to behave accordingly, not only for national relationships but also for personal relationships.

Hopefully, I wish readers will understand the flow of history through this book.

**In the Text**

- ***Silla and Baekje alliance of 433***

  The treaty that caused a grudge between Silla and Baekje
- ***Silla and Tang Dynasty alliance of 648***

  Reason behind the treaty of Silla and Tang Dynasty
- ***Goryeo and Liao Dynasty alliance of 993***

  The Tense negotiations between Seo Hui and Sosonnyeong
- ***Samjeondo Treaty of 1636***

  The Background, progress and conclusion of Byungjahoran(Manchu invasion of Korea in 1636)
- ***The boundary treaty on Baekdusan National Boundary Monument of 1712***

  A puzzling story about the monument
- ***Japan-Korea Treaty of 1876***

  A Treaty of Peace and Amity of Joseon Dynasty and the opening of the gates for Japan

- *United States-Korea Treaty of 1882*

  Beginning of a friendship between Korea and the United States

- *The Protectorate Treaty between Korea and Japan concluded in 1905*

  The treaty concluded through coercion that deprived Korea's diplomatic sovereignty

- *Japan-Korea Treaty of 1910*

  An absurd story about the fall of Korean Empire

- *Treaty on Basic Relations between Japan and the Republic of Korea of 1965*

  Being fateful neighbors despite the hatred

- *U.S.-South Korea Status of Forces Agreement of 1966*

  Korea-U.S. administration agreement for the U.S. forces in Korea

- *Korea-Chile FTA(The Free Trade Agreement) of 2002*

  The treaty that widely open the doors for the rest of the world

# 한국사의 흐름을 바꾼
# 12가지 조약

# 한국사의 흐름을 바꾼 12가지 조약

12 Treaties that Changed the Course of Korean History

1판 1쇄 | 2016년 5월 16일
1판 5쇄 | 2022년 11월 15일

글 | 박영수
그림 | 심수근

펴낸이 | 박현진
펴낸곳 | (주)풀과바람

주소 | 경기도 파주시 회동길 329(서패동, 파주출판도시)
전화 | 031) 955-9655~6
팩스 | 031) 955-9657

출판등록 | 2000년 4월 24일 제20-328호
블로그 | blog.naver.com/grassandwind
이메일 | grassandwind@hanmail.net

편집 | 이영란
디자인 | 박기준
마케팅 | 이승민



값 12,000원
ISBN 978-89-8389-634-6 73910

※잘못 만들어진 책은 구입처에서 바꾸어 드립니다.

이 도서의 국립중앙도서관 출판예정도서목록(CIP)은 서지정보유통지원시스템 홈페이지(seoji.nl.go.kr)와
국가자료공동목록시스템(www.nl.go.kr/kolisnet)에서 이용하실 수 있습니다. (CIP제어번호 : CIP2016002168)

**제품명** 한국사의 흐름을 바꾼 12가지 조약 | **제조자명** (주)풀과바람 | **제조국명** 대한민국
**전화번호** 031)955-9655~6 | **주소** 경기도 파주시 회동길 329
**제조년월** 2022년 11월 15일 | **사용 연령** 8세 이상
KC마크는 이 제품이 공통안전기준에 적합하였음을 의미합니다.

⚠ **주의**
어린이가 책 모서리에 다치지 않게 주의하세요.

배움가득

우리 문화역사 11

# 한국사의 흐름을 바꾼 12가지 조약

박영수 글 · 심수근 그림

풀과바람

# 조약에 대하여

'조약(條約)'은 글자 그대로 풀이하면 '나뭇가지를 묶음'이란 뜻을 지닌 말입니다. 옛날에 나뭇가지를 묶어 세워 약속한 데서 비롯된 말이며, 지금은 국가나 정부 기관이 문서에 권리를 적어 약속하는 일을 이르는 용어로 쓰이고 있습니다.

다시 말해 두 국가가 어떤 내용을 공식적인 문서로 약속하는 일이 조약인 것입니다. 나라와 나라가 맺는 약속을 흔히 '국제 조약'이라고 합니다.

일반적으로 국제 조약에는 두 나라가 서로 필요로 하는 내용을 담습니다. 이를테면 국경을 어떻게 정할지에서부터 정기적으로 무엇을 주고받을지, 무역할 때 상품의 세율을 어떻게 부과할지 등을 합의하고 서명하여 기록으로 남깁니다.

국제 조약은 국가 간의 약속이니만큼 국민에게 미치는 파장이 매우 큽니다. 바꿔 말해 조약에 유리한 내용을 담은 나라는 그만큼 큰 혜택을 누리지만, 불리한 내용을 담은 나라는 국민이 몹시 힘들게 됩니다. 그런가 하면 조약은 역사의 물줄기를 바꾸어 국가 운명을 달라지게도 했습니다.

조약은 통치자가 대표로 나서서 맺는 약속이므로, 지도자의 지혜와 안목이 매우 중요합니다. 우리나라의 역사를 돌이켜 보면 이런저런 조약이 많습니다. 그중에는 한국인을 행복하게 해 준 조약이 있는가 하면 엄청난 불행으로 몰고 간 조약도 있습니다.

예컨대 1910년의 한일 병탄 조약은 한국인을 식민지 노예로 만들었습니다. 왜 그런 일이 벌어졌을까요? 막을 방법은 없었을까요?

필자가 조약을 중심으로 우리 역사를 돌아본 이유가 여기에 있습니다. 그런 조약을 맺게 된 배경과 계기, 구체적인 진행 과정 그리고 결말을 살펴보고 그 의의에 대해서도 차분하게 평가했습니다. 역사를 제대로 알면 세계화된 오늘날 비슷한 상황에서 잘 대처할 수 있을 테니까요.

나는 우리 역사에 큰 영향을 끼친 12조약을 엄선하여 다양한 관점에서 살펴보았고 흥미로운 뒷이야기도 찾아냈습니다. 대체로 조약의 조항은 딱딱하고 지루하므로, 전체적으로 편하게 읽을 수 있는 이야기 구성을 택했습니다.

조약은 타협의 역사이자 불평등의 역사입니다. 전쟁이나 충돌을 피하고자 서로 적당한 선에서 합의하여 조약을 맺는가 하면, 한쪽이 무력으로 상대국을 협박하여 맺은 경우도 있으니까요. 또한 아무리 지혜롭게 조약을 맺는다 해도 양쪽이 동시에 모두 만족하는 일은 매우 드뭅니다.

그러므로 우리는 《한국사의 흐름을 바꾼 12가지 조약》을 통해 무엇을 준비해야 하고 어떻게 대응해야 하는지 알아둘 필요가 있습니다. 국가 관계는 물론 개인 관계에서도 상대를 파악하여 그것에 맞게 처신하는 일은 대단히 중요합니다.

아무쪼록 독자 여러분이 이 책을 통해 역사의 흐름을 잘 파악하기를 바랍니다.

박영수

# 차례


433년 나제 동맹 — 백제의 다급함과 신라의 원한이 낳은 조약 8

648년 나당 연합 — 신라와 당나라가 협정을 맺은 까닭 26

993년 고려 요나라 협정 — 서희와 소손녕의 긴박한 협상 대결 40

1636년 삼전도 조약 — 병자호란의 배경과 진행 그리고 결말 58

1712년 백두산정계비 국경 조약 — 알쏭달쏭 비문에 얽힌 사연 78

1876년 강화도 조약 — 조선의 대문을 열게 만든 조일 수호 조규 92

1882년
한미 우호 동맹의 시작 116
조미 수호 통상 조약

1905년
외교권 강탈당한 불법 강제 조약인 이유 132
을사늑약

1910년
대한 제국 몰락에 얽힌 막장 드라마 152
한일 병탄 조약

1965년
미워도 함께 가야 할 숙명의 이웃 174
한일 기본 조약

1966년
주한 미군을 위한 한미 행정 협정 188
주한 미군 지위 협정

2002년
출입문을 활짝 여는 조약 200
한국·칠레 자유 무역 협정(FTA)

433년 나제 동맹 

# 백제의 다급함과 신라의 원한이 낳은 조약

“매금이 직접 조공하라.”

내물왕(奈勿王, 재위 356~402년)은 고구려로부터 위와 같은 말을 전해 듣고는 기분이 언짢았습니다. 왜 그랬을까요? 그 의문을 풀려면 우선 용어부터 살펴봐야 합니다.

‘매금(寐錦)’은 고구려가 신라 왕을 낮춰 부르던 말이고, ‘조공(朝貢)’은 종속국이 종주국에 예물을 바치던 일을 뜻하는 단어입니다.

그즈음 신라는 고구려의 눈치를 보며 사사건건 간섭당하는 처지였습니다. 왜냐고요? 신라는 고구려와 백제에 비해 늦게 출발한 서라벌(지금의 경주) 중심의 작은 왕국이었고, 4세기(301~400년)에도 마을 단위의 작은 국가들이 우두머리 국가를 중심으로 권력을 나눠 가진 연맹 왕국이었기 때문입니다. 연맹 왕국이라는 사실은 강력한 지도자가 없다는 뜻이기도 합니다.

"이제부터는 내 뜻을 따라 주오."

신라 제17대 국왕 내물왕은 4세기 중엽 왕위에 오른 뒤 왕권을 강화하고 고대 국가 체제를 갖췄습니다. 내물왕이 신하들에게 이처럼 말한 데에는 자신감이 있었기 때문입니다. 그는 주변 땅을 정복하여 경상북도 일대까지 국토를 넓혔습니다.

4세기 말 삼국의 모습

하지만 외부 정세는 그렇게 간단하지 않았습니다. 서쪽에는 백제가 있었고, 북쪽에는 고구려가 먼저 자리 잡고 있었으니까요. 더구나 4세기 말엽 고구려는 광개토왕(廣開土王, 재위 391~412년)의 지도로 전성기를 누리고 있었습니다.

"우리와 형제애를 나누는 것이 어떻겠소."

392년 고구려가 신라로 사신을 보내 은근히 협박했습니다. 위협을 느낀 내물왕은 실성(이찬 대서지의 아들)을 인질로 보냈습니다. 따로 조약을 맺지는 않았으나, 볼모를 통해 문서 약속을 대신한 것입니다.

'볼모'는 약속을 지키는 것에 대한 담보로 상대편에 잡혀두는 사람을 이르는 말이며, 한자어로는 '인질(人質)'이라고 합니다. 일반적으로 왕자나 왕족이 볼모로 가곤 했는데, 당시 실성은 유력한 왕위 계승 후보자였습니다.

"신라는 고구려에 예를 다하겠습니다."

내물왕은 일단 외교적으로 급한 불을 껐으나, 또 다른 위기를 맞았습니다. 399년, 백제가 가야·왜(倭, 일본)와 삼국 연합군을 형성해서 집중적으로 공격하는 바람에 국가 존립이 위태로워졌습니다. 이에 내물왕은 고구려 광개토왕에게 사신을 보내 구원병을 요청했습니다.

"군사를 급히 보내 주셨으면 합니다."

고구려는 동맹국 신라를 돕고자 이듬해 기병과 보병으로 이뤄진 5만 병력을 보내 삼국 연합군을 무찔렀습니다. 내물왕은 한숨을 돌렸고 고구려 군사들을 후히 대접했습니다. 내물왕은 이 무렵 고구려를 통해 중국 문화와 한자(漢字)도 받아들였습니다.

힘센 강자가 힘없는 약자에게 뭔가 줄 때는 속셈이 있기 마련입니다. 고구려는 전쟁을 승리로 이끈 뒤 신라에 친조(親朝)를 지시했습니다. '친조'는 국왕이 직접 상대국 군주를 찾아가 머리 조아리는 일을 의미합니다.

우리나라 역사에서 임금이 상대국까지 가서 머리 숙인 일은 뒷날 고려 말엽 원나라 간섭기 때 말고는 없습니다. 그만큼 고구려의 요구는 신라에 매우 치욕적이었습니다.

내물왕은 분한 마음을 감추고 광개토왕을 찾아가 예물을 바치고 고마운 마음을 표현했습니다. 고구려는 이 사실을 광개토 대왕릉비에 자랑스럽게 새겼습니다.

"눈물이 나는구나. 그러나 어쩌랴. 아직 우리 힘이 미약하니."

신라로 돌아온 내물왕은 한시바삐 국력을 키우고 싶었습니다. 그렇지만 시련은 계속 이어졌습니다. 건강이 좋지 않아 시름시름 앓았던 것입니다.

신라에 심어둔 첩자를 통해 이런 정보를 입수한 고구려는 볼모로 붙잡아둔 실성을 401년 여름에 신라로 돌려보냈습니다.

이듬해 2월, 내물왕이 죽자 실성이 신라 제18대 임금으로 즉위했습니다. 내물왕의 아들들이 어리다는 이유였지만, 실제로는 고구려의 입김이 크게 작용한 결과였습니다.

"이제 신라는 우리 손아귀에 있는 것이나 다름없군."

고구려는 실성이 자기들 뜻대로 쉽게 움직이리라 믿었습니다. 한동안 신라 실성왕(實聖王, 재위 402~417년)은 고구려의 기대를 저버리지 않았습니다.

"정말 오랫동안 참고 참았느니라. 이제 복수해 주마."

실성왕은 신라의 국력을 키우기보다는 자기의 맺힌 한을 푸는 데 주력했습니다. 그는 내물왕의 아들들을 동맹 강화라는 구실 아래 외국에 볼모로 보냈습니다.

왕족을 인질로 보내니 서로 잘 지내자는 우호적 외교 자세처럼 보이지만, 사실은 내물왕 세력을 견제하기 위한 일이었습니다. 이에 따라 미사흔은 왜에, 눌지와 복호는 고구려에 인실로 갔습니다.

"너희도 볼모 생활이 얼마나 비참한지 직접 느껴 봐야 해."

실성왕은 내물왕 아들들을 떠나보낸 뒤 복수했다는 쾌감에 혼자 흐뭇해했습니다. 그 뒤 실성왕은 고구려의 간섭을 점점 귀찮게 여겼습니다. 친조를 가려 하지도 않았습니다.

그러자 실성왕을 우습게 생각했던 고구려는 당황했습니다.

"이것 봐라. 왕권을 잡게 해 줬더니 이제는 기고만장이네."

광개토왕의 뒤를 이어 즉위한 장수왕(長壽王, 재위 412~491년)은 실성왕의 달라진 태도에 분노해 회의를 열었습니다. 한 신하가 이렇게 건의했습니다.

"왕위 계승 1위 후보인 눌지를 신라로 돌려보내 서로 견제하게 하는 게 좋겠습니다."

"그거 좋은 생각이로다."

고구려는 즉시 실성왕에게 눌지를 돌려보내겠다고 통보했습니다. 뜻밖의 소식에 깜짝 놀란 실성왕은 대책을 마련했습니다. 눌지가 돌아오면 자기 권력이 위협받을 게 분명하니까요.

실성왕은 고구려 볼모 시절 알고 지내던 고구려 귀족에게 비밀리에 사람을 보내 눌지를 죽여 달라고 부탁했습니다.

그 일에 대해 《삼국사기》에는 대략 다음과 같이 적혀 있습니다.

"고구려인이 눌지를 직접 보니 인품도 훌륭하고 외모가 출중하기에 사실대로 고백했다. 그대 나라 국왕이 나를 시켜 당신을 해치도록 했으나 그대를 보니 차마 그렇게 하지 못하겠노라고. 이에 눌지는 도리어 왕을 죽이고 스스로 왕위에 올랐다."

《삼국유사》에도 관련된 내용이 쓰여 있는데, 차이가 있다면 "고구려 군사가 실성왕을 죽이고 눌지를 왕으로 세우고는 돌아갔다."는 내용뿐입니다.

어느 기록이 더 정확한지 단정할 수는 없으나, 고구려가 군사를 내세워 실성왕을 몰아낸 것만은 분명합니다. 다시 말해 실성왕이 말을 듣지 않자, 고구려가 군사력으로 신라 국왕을 바꿔 버린 것입니다.

눌지왕(訥祇王, 재위 417~458년)은 실성왕처럼 고구려의 힘을 업고 왕위에 올랐지만, 그 마음가짐은 전혀 달랐습니다. 눌지왕은 가여운 동생들을 구하는 동시에 고구려의 간섭에서 벗어나려고 노력했습니다.

"용감하고 지혜로운 그대만이 가능한 일이라 모두가 말하기에 부탁하오. 내 아우들을 꼭 구해 주오."

눌지왕에게서 특별 요청을 받은 박제상은 사신 자격으로 고구려를 찾아가 10년 동안 헤어진 형제의 애틋한 정을 거론하며 석방을 호소했습니다. 고구려에 항상 협조하겠다는 다짐의 말도 했습니다.

고구려 장수왕은 복호를 석방했습니다. 눌지왕이 신라 왕위에 오르기 전 고구려에서 한동안 볼모 생활을 했기에 약속을 지키리라 믿은 데다 고구려의 군사력이 강력했기 때문입니다.

복호 구출에 성공한 박제상은 일본에 들어가 미사흔까지 탈출시키는 데 성공했지만, 그 자신은 붙잡혀 고문을 당한 끝에 그곳에서 죽었습니다.

눌지왕은 무사히 돌아온 미사흔을 보고는 무척 기뻐했으나, 박제상의 순국 소식에 비통해했습니다.

"내 반드시 고구려와 왜를 벌하리라!"

눌지왕은 고구려에 순순히 복종하여 권력을 유지하는 대신에 분연히 맞서 싸우는 쪽을 택했습니다. 때마침 433년 백제 비유왕(毘有王, 재위 427~455년)이 사신을 보내 동맹을 맺자고 제안해 왔습니다.

"고구려가 강성하니 우리가 협력하여 대응하는 게 어떻겠습니까?"

눌지왕도 바라던 바였습니다. 신라 혼자 힘으로는 어찌할 수 없지만, 백제와 협력한다면 고구려에 대응할 만했으니까요. 이로써 신라와 백제 사이에 이른바 '나제 동맹(羅濟同盟)'이 성립됐으니, 한반도 국가 사이에 맺어진 최초 조약이라 할 수 있습니다.

그런데 적대국이던 백제와 신라가 어째서 선뜻 손을 맞잡았을까요?

그 이유는 고구려 장수왕의 남하 정책에 있습니다. 한반도의 따뜻한 기후와 농토를 탐낸 장수왕은 427년 평양으로 도읍을 옮긴 뒤 남쪽으로 영토 확장을 꾀했습니다. 자연히 한반도 남쪽에 있는 백제와 신라는 크게 긴장했고 어찌 대응해야 할지 고민했습니다.

백제 비유왕은 먼저 중국의 북위(北魏)에 사신을 보내 동맹을 요청했습니다. 북위는 강대국인 고구려를 의식해서 그 제안을 거절했습니다.

비유왕은 이어 신라에 사신을 보내 '공수 동맹'을 제안했습니다. 공수 동맹이란 두 나라 이상이 공동의 병력으로 제삼국을 공격하거나 상대편 공격에 대하여 같이 방어하기로 약속 맺는 것을 의미합니다.

"필요할 때 서로 원군을 파견하도록 약속하지요."

눌지왕은 고구려의 간섭에서 벗어날 기회라고 판단했습니다. 고구려와 신라는 위아래가 분명한 종속 관계이지 대등한 동맹 관계가 아니었으니까요.

더구나 고구려와 왜에 볼모로 붙잡혀 있던 아우들도 모두 구해낸 상태였기에 부담감도 없었습니다. 하여 신라는 백제가 내민 손을 굳게 잡았습니다. 두 나라는 귀한 선물을 주고받으며 동맹 관계임을 확인했습니다.

이때부터 신라는 서서히 고구려에 자주적 태도를 보이기 시작했는데, 그런 변화를 상징적으로 보여 주는 사건이 일어났습니다. 《삼국사기》에 따르면 450년 7월의 일입니다.

고구려의 변경 장수가 실직의 들에서 사냥을 했습니다. 하슬라 성주 삼직(三直)이 이 모습을 보고 군사를 이끌고 습격해 고구려 장수를 죽였습니다.

하슬라와 실직은 예전에 고구려 군현이 설치된 곳이었으나, 고구려의 평양 천도 이후 고구려 군사가 철수하면서 신라의 군현이 된 땅이었습니다. 그곳에 고구려 장수가 들어오자, 신라 성주가 경고도 하지 않고 아예 죽인 것입니다.

"내가 대왕과 우호적으로 지내며 즐거워하던 바인데, 군사를 보내 우리 변경 장수를 죽이니 무슨 까닭인가?"

고구려 장수왕은 매우 화가 나 신라에 사신을 보내 이렇게 묻고는 군사를 일으켜 신라 서쪽 땅을 공격했습니다.

눌지왕은 급히 나가서 공손히 사과하고 두 번 다시 그런 일이 없도록 조치하겠노라고 말했습니다. 고구려인은 사과를 받고 곧 물러갔습니다.

겉으로는 눌지왕이 굴욕을 겪은 것으로 보이지만, 여기에는 신라의 은근한 반감이 숨어 있습니다. 항상 고구려의 눈치를 살피던 신라인이 고구려 장수를 죽인다는 것은 이전에는 감히 상상도 할 수 없는 일이었으니까요.

평소 눌지왕이 신하나 성주들과 의견을 나누면서 반감을 표시했고, 성주들도 공감한 데서 비롯된 일이 틀림없습니다. 더구나 신라는 백제와 공수 동맹을 맺은 상태였기에 그걸 믿는 마음도 작용했을 것입니다.

"고구려가 쳐들어왔소. 빨리 도와주시오."

475년 장수왕이 백제 수도 한성을 침략해 개로왕을 죽였습니다. 이때 신라는 약속대로 군사 1만 명을 보내 위기에 빠진 백제를 도와주었습니다.

481년 고구려가 신라를 공격해 일곱 성을 점령했을 때는 백제가 군사를 보내 신라를 도와주었습니다. 국가적 동맹 약속을 신라와 백제 모두 행동으로 옮긴 것입니다.

"혼인 관계를 맺어 더욱 사이좋게 지냅시다."

493년 백제 동성왕이 신라 왕녀와 결혼하여 백제와 신라는 사돈 사이가 됐습니다. 이 일을 '나제 혼인 동맹' 또는 '나제 결혼 동맹'이라고 말합니다.

영원할 것 같았던 동맹 관계는 신라의 배신으로 금이 갔습니다. 551년 백제와 신라 연합군이 고구려를 공격해서 한강 지역 땅을 빼앗았는데, 553년 신라 진흥왕이 기습적으로 한강 하류 지역을 독차지했습니다. 이로써 나제 동맹은 깨지고 백제와 신라는 원수 사이로 돌변했습니다.

"뭐라고? 신라가 한강 하류 지역을 점령했다고?"

분노한 백제 성왕은 신라를 징벌하겠다며 554년에 군사를 일으켰습니다. 일부 신하들이 때가 아니라며 말렸지만, 감정이 크게 상한 성왕은 앞장서서 전투에 나섰습니다.

하지만 성왕은 신라의 관산성을 공격하려다 패하고 전사했습니다. 이와 함께 121년 동안 지속된 나제 동맹은 막을 내렸습니다.

## 나제 동맹의 의의와 평가

나제 동맹은 백제의 다급한 처지와 고구려에 대한 신라의 원한이 서로 이해관계가 맞아 성립한 조약입니다.

나제 동맹은 100여 년 동안 고구려의 파도 같은 남하를 막는 방파제 역할을 했습니다. 나아가 자신감을 얻은 백제와 신라 연합군은 551년 고구려와 한강 전투를 벌여 혈투 끝에 승리를 거뒀습니다. 그 결과 백제는 한강 하류 지역을 되찾았고, 신라는 한강 상류 지역을 차지했습니다.

"와, 이겼다! 우리 연합군이 승리했다!"

한강 전투는 나제 동맹 최후의 승리이자, 백제에는 불행으로 이어졌습니다. 신라가 중국으로 가는 뱃길을 확보하고자 한강 하류 지역을 기습 점령했으니까요.

신라는 한반도 동쪽에 있는 까닭에 중국으로 가는 서해 뱃길을 간절히 원했습니다. 백제는 이를 미처 모르고 있었습니다. 이후 백제와 신라는 원수 관계로 지냈습니다.

## 나제 동맹 용어의 유래와 고쳐야 할 점

우리는 '나제 동맹'이란 명칭이 어색한 왜색어(倭色語)임을 알아야 합니다. 왜냐하면 일제 강점기 때 신라의 '라'와 백제의 '제'를 따서 붙인 이름이기 때문입니다. 이는 명백한 일본식 조어(造語)입니다.

전통적으로 일본에서는 첫 번째 단어의 앞 글자와 두 번째 단어의 뒷 글자를 따서 말을 만들어왔습니다. 예컨대 1937년 일제가 전쟁 협력 강요를 위해 취한 조선 통치 정책인 '내선일체(內鮮一體)'가 그렇습니다. '일본과 조선은 하나'라는 뜻의 내선일체에서 '내(內)'는 '내지(內地)' 즉 일본을 의미하고, '선(鮮)'은 '조선'을 지칭합니다.

이에 비해 우리나라에서는 두 나라의 명칭을 간략히 조합할 때 두 단어의 앞 글자만 따서 만듭니다. 예컨대 '한국'과 '미국'이 우호 조약을 맺을 경우 '한미 우호 조약'이라고 합니다. 이런 원칙은 대부분의 나라에 적용됩니다. 저마다 순서에 자기 나라를 앞세운다는 점만 다를 뿐이고요.

그런데 일제가 우리나라 역사를 건드리면서 교묘한 잔꾀를 부렸습니다. 두 나라의 연합이나 동맹을 거론할 때 일본식 작명법을 바탕으로 양국을 깎아내리는 명칭을 붙인 것입니다.

이를테면 신라와 백제의 동맹을 '나제 동맹', 고구려와 백제의 동맹을 '여제 동맹(麗濟同盟)'이라 했으니, 의도적으로 두 나라의 뒷 글자를 각각 따서 모두 약소국 같은 느낌을 준 것입니다.

이로 미루어 '나제 동맹'은 왜색어임을 알 수 있습니다. 우리식으로 작명하면 '백신 동맹' 또는 '신백 동맹'이라 해야 합니다. 그런데도 현실은 '나제 동맹'이 활개 치고 있습니다. 한번 주입된 인식을 바꾸기 어려운 점도 있지만, 그보다는 정치 지도자들의 책임이 더 큽니다.

일제 강점기에 만들어진 왜색 용어가 광복 이후에도 친일 사학자들이 주도한 교과서에 오랫동안 그대로 실림으로써 지금까지 고쳐지지 않았으니까요. 안중근 의사를 비롯한 독립운동가들이 알면 통탄할 일입니다.

648년 나당 연합

# 신라와 당나라가 협정을 맺은 까닭

"배신자 신라를 응징하리라!"

백제 의자왕(義慈王, 재위 641~660년)은 즉위 초기 안으로는 개혁 정치를 펼치면서 밖으로는 고구려와 연합해 신라를 공격해서 영토를 넓히는 정책을 추구했습니다. 642년 8월, 의자왕은 윤충(允忠) 장군에게 군사 1만 명을 주며 이렇게 명했습니다.

"가서 신라의 대야성을 점령하시오."

대야성은 경상남도 합천군 취적산에 있는 성곽으로, 취적산 쌍봉에서 사방을 한눈에 살펴볼 수 있는 신라 서부 지역 요새지였습니다. 신라군은 양쪽 봉우리가 연결되는 계곡 낮은 부분에 성문을 두고 출입자들을 엄중히 감시했습니다.

“여기서는 내가 왕이나 다름없지. 하하하!”

당시 대야성 책임자는 김품석이었습니다. 그 무렵 김품석은 신라 왕실 실력자인 김춘추의 사위로, 못된 짓을 많이 저질렀습니다. 재물을 마음대로 차지하는가 하면 심지어 남의 아내를 빼앗기도 했습니다. 대야성 지역 사람 중에는 그런 김품석을 미워하는 사람이 많았습니다.

"백제군이 몰려온다!"

그러던 차에 백제 윤충 장군이 대군을 이끌고 대야성으로 쳐들어왔습니다. 백제군은 투석기를 이용해 돌을 성안으로 날려 보내면서 충차(성벽을 무너뜨리는 데 쓰던 수레 모양의 기구)로 성문을 부수려 했으며, 병사들은 사다리를 타고 성벽을 기어 올라왔습니다.

"아무도 성안으로 들어오지 못하게 하라!"

신라군의 저항도 만만치 않았습니다. 김품석은 성문을 굳게 닫고 철저히 방어했습니다. 신라 병사들은 김품석을 위하기보다 자신이 살아남기 위해 목숨을 걸고 싸웠습니다.

성안에는 식량도 충분히 있었기에 성문과 성벽만 잘 지키면 백제군을 물리칠 수 있었습니다. 대낮 전투는 신라군이 끝까지 막아냈고, 어둠이 내리자 백제군은 일단 뒤로 물러났습니다.

天

"불이야, 불이 났다!"

컴컴한 한밤중 성안에서 난데없는 불길이 치솟았습니다. 놀란 사람들이 허둥지둥 불을 끄려 했으나, 어느 틈엔가 백제 병사들이 성으로 들어와 신라 병사들을 닥치는 대로 죽였습니다. 도대체 어찌 된 일일까요?

쉽게 함락되지 않을 듯 보였던 성이 함락된 데에는 검일이란 신라인의 개인적 원한이 작용했습니다. 검일은 일전에 김품석에게 어여쁜 아내를 빼앗긴 뒤 날마다 분노로 잠을 이루지 못했습니다.

그러다 백제군이 쳐들어오자 검일은 백제군과 밀통하여 군량 창고에 불을 지르고 몰래 성문을 열어 주었습니다.

백제군이 들이닥치자, 김품석은 더는 싸우지 않고 항복했습니다. 백제군은 검일의 원한을 풀어 주고자 김품석과 그 가족을 죽였고, 대야성 안의 신라인 1천여 명을 사로잡아 백제 서쪽 지역으로 끌고 갔습니다.

대야성 전투는 이렇듯 순식간에 백제군의 승리로 막을 내렸습니다. 백제는 그야말로 잔치 분위기였고, 의자왕은 윤충에게 큰 상을 내리며 칭찬했습니다.

"그게 정말이란 말인가?"

반면에 신라 왕실의 분위기는 경악과 침울함 그 자체였습니다. 대야성 함락으로 낙동강 서쪽 지역이 백제군에게 넘어감에 따라 수도 금성(金城, 지금의 경주)이 위험해졌기 때문입니다.

신라는 554년 관산성 전투에서 백제 성왕을 죽인 뒤 낙동강 서안을 지배해 오고 있었는데, 88년 만에 백제에 빼앗기고 이제 나라마저 무너질 위기에 처한 것입니다.

신라는 일단 고구려 전선의 북쪽 군사들을 이동시켜 백제군 공격에 대비하면서 긴급히 대책을 논의했습니다. 선덕 여왕(善德女王, 재위 632~647년)이 대신들을 둘러보며 의견을 물었습니다.

"어찌하면 좋겠소?"

그 무렵 신라는 '대신'으로 불리는 소수 귀족으로 이루어진 회의체를 통해 국가 중대사를 결정했습니다. 진평왕이 아들 없이 세상을 떠난 뒤, 여자인 선덕 여왕의 즉위를 두고 찬성파와 반대파가 힘을 겨루다 서로 타협한 정치 형태였습니다.

이런 상황에서 대야성이 백제에 넘어가자, 즉각 여왕 반대파 세력이 여왕 지지파를 비난했습니다. 이에 선덕 여왕 지지 세력인 김춘추가 나섰습니다.

"소신이 고구려에 가서 도움을 청하여 백제를 치고자 합니다. 허락해 주소서."

딸과 사위의 죽음에 대한 복수심에 불타 김춘추는 결연한 표정으로 말했습니다. 대야성 함락 소식을 접한 뒤 그는 한동안 혼이 나간 사람처럼 멍한 상태로 있기까지 했습니다.

선덕 여왕은 고구려에 김춘추를 사신으로 보냈습니다. 신라 혼자의 힘만으로는 백제를 상대하기 어려웠기 때문입니다. 김춘추는 비장한 마음으로 고구려 땅으로 들어갔습니다.

"그전에 내 말을 먼저 들어 보시오."

고구려 국왕은 김춘추의 제안을 듣자마자 조건을 달았습니다. 한강 이남의 땅을 내놓으라고 요구한 것입니다. 선뜻 대답하지 못한 김춘추는 감옥에 갇혔고, 선덕 여왕에게 땅을 돌려주도록 청하겠노라고 거짓 맹세를 하고 풀려났습니다.

김춘추는 신라로 돌아오자마자, 고구려에서 가져온 흙을 강물 위에 뿌리면서 이렇게 다짐했습니다.

"먼저 백제를 치고 반드시 고구려를 짓밟으리라!"

김춘추는 어떻게 해서든 원수를 갚으려 했습니다. 김춘추는 전쟁에서 이기고자 끈질기게 외교전을 펼쳤습니다. 647년 일본의 정권 세력을 찾아가 동맹을 요청했습니다. 645년 일본에서 백제계 호족을 죽이는 반란이 일어나자, 새로운 일본 정권이 백제에 적대적 태도를 보이리라는 판단에서였습니다.

그는 예상과 달리 차가운 대접을 받고 빈손으로 돌아왔습니다.

"나에게 포기란 없다. 될 때까지 부딪쳐 보자."

648년 김춘추는 당나라로 떠났습니다. 이번에는 아들 문왕을 데려감으로써 당나라 태종의 환심을 샀습니다. 당 태종은 김춘추 부자가 함께 온 데 대해 높이 평가했습니다.

김춘추는 당 태종이 귀 기울일 만한 말을 꺼냈습니다. 고구려에서 실패한 경험을 바탕으로 국제 외교의 특성을 파악한 데서 나온 지혜였습니다. 보편적 정의나 윤리보다 상대가 원하는 걸 내놓으면 관심을 이끌어낼 수 있음을 잘 알았던 것이지요.

"고구려를 먼저 공격해 봐야 이기기 힘듭니다. 먼저 백제를 쳐서 무너뜨리면 고구려도 이내 무너뜨릴 수 있을 것입니다."

"그렇게 해서 우리 당나라에 무슨 이득이 있겠소?"

"고구려 땅을 드리겠습니다."

"그럼 그대들은 뭘 가지려는 것이오?"

"저희는 평양 이남과 백제 땅을 가지겠습니다."

김춘추는 당 태종이 고구려 추가 원정을 포기했음을 간파하고, 백제 공략의 필요성을 열심히 설명했습니다.

신라는 왜 이렇게 고구려와 백제 공략에 혈안이었을까요? 김춘추의 개인적 원한이 크게 작용했겠지만, 그 밖에 다른 이유는 없을까요?

"우리 땅을 내주겠다니, 신라는 사대주의적 태도를 가졌구먼."

민족사적 관점을 가진 후대 사람들은 이처럼 비판했습니다. 맞는 말이지만, 다르게 보면 그렇지도 않습니다. 왜냐하면 당시 신라는 고구려와 백제를 같은 민족으로 여기지 않았습니다.

두 나라는 모두 부여족에서 갈라져 나왔지만, 신라는 흉노족이 세운 국가였기 때문입니다. 신라 지배층 입장에서 고구려와 백제는 그저 빨리 없애고 싶은 숙적이었던 셈이지요.

당나라 역시 흉노족 일파인 선비족이 세운 나라이지만, 그 이전까지 신라에 그다지 우호적이지 않았습니다. 고구려와 백제처럼 직접 긴밀한 민족이 아닌 데다 멀리 떨어져 있어 친밀감을 느끼지 못했거든요.

그런데 신라가 김춘추를 통해 적극적으로 나오자 백제 우호 정책을 버리는 쪽으로 정책을 검토했습니다. 3년 전 645년, 당 태종이 고구려를 정복하러 갔다가 실패하고 돌아왔었기에, 백제와 고구려를 차례대로 공격하자는 김춘추의 제의가 설득력 있게 들린 까닭입니다.

항상 고구려 때문에 불편했던 당나라는 백제와 손잡은 적도 있었지만, 냉정히 실익을 따진 뒤 신라의 제안을 받아들였습니다. 하여 두 나라는 다음과 같은 영토 분할 협정을 맺었습니다.

"평양 이남과 백제는 신라 땅으로, 평양 이북 고구려 땅은 당나라 것으로 정한다."

이렇게 신라는 고구려 땅을 주겠다는 조건으로 당나라와 군사 동맹을 맺었습니다. 이는 한반도에 세워진 국가가 다른 땅에 있는 외국과 체결한 최초의 조약이었습니다. 결과적으로 국토를 줄인 나쁜 협약이기도 했습니다.

한편 김춘추가 외교에 총력을 기울이는 동안 신라 변방은 김유신 장군이 맡아 지켰습니다. 김유신은 648년 대야성으로 쳐들어가서 백제군을 성 밖으로 유인해서 격파하고 백제 장군 8명을 사로잡는 전과를 올렸습니다.

"장군 8명의 목숨을 구하려거든 김품석 부부의 유해를 돌려주시오."

김유신은 백제에 이렇게 제안했고, 백제가 그에 응했습니다. 이로써 김품석 부부는 죽은 지 6년 만에 신라 품으로 돌아왔습니다. 김춘추는 눈물로 그들을 맞이했고, 더 큰 복수를 다짐했습니다.

김유신은 이 밖에도 여러 성을 백제로부터 빼앗아 높은 신망을 얻으며 신라의 군사권을 손에 쥐었습니다. 또한 김유신은 계략을 써서 자기 누이를 김춘추와 혼인시켰습니다. 김유신은 신라에 투항한 가야 왕족 출신이었기에, 실력자 김춘추를 눈여겨 두고 정략적으로 친족 관계를 맺은 것입니다.

김춘추는 김춘추대로 전술이 출중한 김유신을 멀리할 이유가 없기에 기꺼이 그의 누이와 결혼했습니다. 외교권을 쥔 김춘추와 군사권을 쥔 김유신이 마음을 합친 이상 신라에는 그들의 적수가 없었습니다.

그 뒤 김춘추는 654년 왕위에 올라 신라 제29대 태종 무열왕(太宗武烈王, 재위 654~661년)이 됐습니다. 이후 당나라와 연합하여 660년 백제를 침공했습니다.

당나라는 20만 대군을 보내 신라와 함께 백제를 공격했습니다. 백제는 지역 싸움인 대야성 전투에서는 이겼으나, 국가 싸움인 전쟁에서는 지고 말았습니다. 외교전에서 신라에 밀렸기 때문입니다.

태종 무열왕의 아들인 문무왕(文武王, 재위 661~681년)은 668년 당나라와 함께 고구려를 멸망시켜 아버지의 숙원을 풀었습니다.

## 나당 연합의 의의와 평가

신라와 당나라의 군사 동맹과 영토 분할 협정을 '나당 연합(羅唐聯合)'이라고 합니다. 이 단어 역시 왜색 용어입니다. 두 나라의 앞 글자를 각각 따서 '신당 연합(新唐聯合)' 또는 '신당 협정(新唐協定)'이라고 불러야 합니다. 하지만 일제의 치밀한 식민 사관 탓에 여전히 '나당 연합'으로 불리고 있으니 안타까운 일입니다.

나당 연합은 우리 국토가 한반도로 좁혀지는 결과를 낳았습니다. 700여 년 동안 고구려가 지배한 광대한 영토는 한순간에 우리 역사에서 사라지고 말았습니다.

나당 연합은 외세를 우리 국토로 불러들인 사대주의 조약이라는 비판도 받고 있습니다. '사대주의(事大主義)'는 주체성 없이 세력이 강한 나라나 사람을 받들어 섬기는 태도를 이르는 말입니다.

신라는 사대주의를 망설이기는커녕 적극적으로 당나라를 설득해 그 힘을 이용해 백제와 고구려를 차례로 멸망시켰습니다. 그렇게 백제 땅을 차지하면서 국토를 두 배로 늘렸다고 만족했지만, 우리 민족과 우리 역사에는 너무나 큰 손실을 안겼습니다.

993년

고려 요나라 협정

# 서희와 소손녕의 긴박한 협상 대결

서희(徐熙, 942~998)는 고려 초기 서필(徐弼, 901~965)의 둘째 아들로 태어났습니다. 서필은 말단 관리로 시작해서 내의령(고려 초기 정사를 논의하던 내의성의 으뜸 벼슬)까지 오른 인물로, 어려운 환경을 이기고 출세한 사람입니다.

"공자 왈, 맹자 왈……."

그런 아버지 덕분에 서희는 어려서부터 별다른 걱정 없이 공부에 집중할 수 있었습니다. 서희는 집안뿐만 아니라 국가적으로도 좋은 운을 타고났습니다.

그가 16세 때인 958년, 고려 광종(光宗, 재위 949~975년)이 능력 중심의 과거제를 시행했으니까요. 두뇌도 뛰어나고, 성실한 서희에게는 더없이 좋은 기회였습니다.

서희는 18세 때인 960년 과거 시험에서 장원 급제했습니다. 서희가 벼슬길에 오른 그해에 고려 성종(成宗, 재위 981~997년)이 태어났는데, 두 사람은 뒷날 둘도 없는 임금과 신하로 만나 나라를 위해 함께 애썼습니다.

서희는 972년 송나라에 사신으로 가서 10여 년 동안 단절되어 있던 외교 관계를 복원하는 성과를 거두었고, 국내에서는 문무(文武) 양면에서 능력을 보이며 자기 아버지처럼 충직한 행동으로 국왕의 신임을 얻었습니다.

"무서운 광종이 세상을 떠났다네."

"그래. 그럼 우리 호족이 기지개를 켤 수 있겠군."

975년 강력한 통치력을 보여 준 광종이 죽고, 경종(景宗, 재위 975~981년)이 왕위에 올랐습니다. 20세에 고려 5대 임금이 된 경종은 몇 년 지나지 않아 병으로 죽었고, 성종이 21세 나이에 제6대 국왕이 되어 고려를 다스렸습니다.

성종은 나이는 어렸지만 지혜로운 군주였습니다. 광종은 자기 왕권을 위협하는 사람이라면 친족이든 호족이든 가리지 않고 죽이거나 감옥에 가두는 공포 정치를 펼쳤지만, 성종은 어진 정치로 나라를 발전시켰습니다.

사실 성종이 이처럼 할 수 있었던 것은 광종의 덕입니다. 광종이 왕권을 강화해 놓은 덕에 성종은 피바람을 일으키지 않고 나라를 통치할 수 있었으니까요.

"듣기 좋은 말을 하는 게 아니라 새겨들어야 할 말을 하는구나."

특히 서희의 능력과 참된 인격을 알아보고 중용한 것은 성종을 위해서도 고려를 위해서도 매우 다행스러운 일이었습니다. 서희는 아부를 멀리하고 바른말 하는 충신이었고, 성종은 그런 신하를 아낄 줄 아는 어진 임금이었습니다. 성종과 서희의 성품을 보여 주는 일화가 있습니다.

공빈령(供賓令) 정우현이 당시 일곱 가지 바로 다스려야 할 일을 논하는 상소문을 올렸을 때의 일입니다. 마음이 넓긴 해도 하급 관리가 임금의 정책을 비판하자 성종은 화가 났습니다.

"감히 직책을 벗어난 일을 했으니 벌을 줘야 하지 않겠소?"

성종의 말에 모든 신하가 당연하다는 듯 대답했으나, 오직 서희 혼자만이 다른 목소리를 냈습니다.

"상소를 올리는 데 직책이 무슨 상관입니까. 신이 재상 자리에 앉아 있으면서 헛되이 녹만 먹고 있기에 직급 낮은 자가 나랏일의 정책을 논하게 했으니 전적으로 신의 죄입니다. 반면에 정우현의 건의는 대단히 적절하므로 오히려 상을 주어 칭찬해야 합니다."

서희가 이처럼 말하자, 한순간 실내가 조용해졌습니다. 이윽고 성종은 깨달은 바가 있어 고개를 끄덕였고, 정우현을 감찰어사로 발탁해 잘못된 나랏일을 바로잡게 했습니다. 그리고 바른말을 한 서희에게는 좋은 말 한 필을 상으로 내렸습니다.

평화롭던 고려에 큰 위기가 닥쳤습니다. 993년에 거란이 쳐들어온 것입니다.

거란은 누구일까요? 내몽골의 시라무렌 강 유역에 살던 유목 민족이며, 916년 야율아보기가 여러 부족을 통합하여 세운 나라입니다.

거란은 민족 이름이기도 하고 정식 국호이기도 합니다. 중국식 국호는 요(遼)이고, 그들 스스로는 '큰 거란'이란 뜻의 '카라 키탄'이란 국호를 썼습니다.

거란군 책임자 소손녕은 80만 대군을 이끌고 압록강을 건너 평안북도 봉산군을 점령한 뒤 고려에 문서를 보내 항복하라고 요구했습니다. 고려를 침략한 근거로 소손녕은 다음과 같은 두 가지 근거를 내세웠습니다.

- 거란이 이미 고구려의 옛 땅을 차지했는데, 지금 너희가 국경을 침범하여 땅을 빼앗아가므로 우리가 와서 토벌하려 한다.

- 거란이 사방을 통일했음에도 아직 스스로 와서 섬기지 않은 자는 기어이 쓸어 없애 버릴 것이다. 시간 끌지 말고 빨리 항복 문서를 보내라.

문서를 받아든 고려 신하들은 두려움에 떨며 나약한 소리를 냈습니다.

"국토를 보전하려면 하루빨리 항복 문서를 보내는 게 좋겠습니다."

"서경(西京, 지금의 평양) 이북 땅에는 여진족이 많이 사니 거기를 내주고 화친함이 좋겠습니다."

성종도 처음에는 이런 의견에 공감했습니다. 고려 군사력이 신흥 군사 강국인 거란에 맞서기에는 약하다고 판단했기 때문입니다.

성종은 서경 창고를 열어 백성들에게 식량을 마음껏 가져가게 하고 남는 게 있다면 강물에 던져 버리라고 지시했습니다. 거란이 서경을 점령하더라도 식량이 없으면 스스로 물러나리라 예상했기 때문입니다.

이때 서희가 나서서 비장한 목소리로 성종에게 말했습니다.

"싸움의 승패는 군대가 강하고 약함에만 있지 않고 적의 허점을 찾아내 움직이는 데 있습니다. 왜 서둘러 버리려고만 하시나이까. 더구나 식량이란 백성의 목숨과 같습니다. 그 식량이 적의 손에 들어간다 할지라도 강물에 헛되이 버리는 것은 하늘의 뜻에 어긋날까 두렵습니다."

성종은 서희의 말을 듣고 생각을 바꿨습니다. 자신이 잠깐 나약해졌음을 반성하면서 즉각 식량을 버리라는 명을 거두었습니다. 그러자 서희가 이어 말했습니다.

"지금 거란의 속뜻은 광종께서 여진족을 정복하고 쌓은 가주(嘉州)와 송성(松城) 두 성을 차지하려는 것입니다. 고구려의 옛 땅을 찾겠다고 하는 말은 은근히 우리를 두려워한다는 뜻입니다.

이러할진대 그들의 군사력이 우세한 것만 보고 서경 이북 땅을 떼어 주겠다 함은 묘책이 아닙니다. 삼각산 이북도 고구려 옛 땅인데 저들이 계속 욕심을 부려 요구한다면 모두 주시겠나이까.

임금께서는 개경(고려의 수도)으로 돌아가시고 신들에게 한번 싸워 보도록 한 뒤에 논의해도 늦지 않습니다."

거란군의 성질만 돋울 것이라며 서희의 의견에 모두 반대했습니다. 그러나 성종은 서희를 중군사(中軍使)로 명하여 군대를 이끌고 북쪽 국경에 주둔하며 평안도를 방비하게 했습니다.

서희는 전투태세를 갖추면서도 한편으로는 협상을 생각했습니다. 거란이 자기들 주장대로 병력이 많다면 망설임 없이 고려 수도까지 쳐들어올 텐데 그렇게 하지 않고 국경 근처에 진을 치고 항복을 요구한 것에서 빈틈을 발견했기 때문입니다.

'그들이 주장하는 80만 대군은 허풍일 가능성이 크다. 병력은 그것보다 적은 듯하다. 설령 군사가 그렇게 많더라도 거란은 지금 고려와 전쟁할 상황은 아니리라. 거란은 송나라를 공격하기 전에 먼저 고려를 협박하는 게 틀림없다.'

서희는 항복 요구 문서 속에서 거란의 마음속을 이처럼 간파했습니다. 이어 서희는 거란의 약점이 무엇인지 생각해 보았습니다.

'병력이 많으면 식량이 많이 필요할 텐데 그들이 진을 친 지역은 식량이 넉넉한 곳이 아니다. 어쩌면 그들은 빨리 돌아가고 싶어 할지도 모른다. 사정이 이럴진대 수치스럽게 우리 국토를 내주면서 항복할 이유가 없다.'

이처럼 자세히 분석한 서희는 국서를 들고 대범하게 소손녕을 만나보기로 했습니다. 적국 진영에 스스로 뛰어드는 것은 목숨을 잃을 수도 있는 위험한 모험이었으나, 서희는 그 길만이 위기를 해결할 방법이라 판단한 것입니다.

"뜰에서 절을 하여 예를 갖추시오."

고려 장수가 찾아왔다는 보고를 받은 소손녕은 일부러 거만한 자세로 이렇게 말했습니다. 기선을 제압하기 위한 술수였지요. 서희는 신하 사이에 군신의 예를 갖추는 것은 부당한 일이라며 거절했습니다. 그러고는 숙소로 돌아와 드러누웠습니다.

소손녕은 적잖이 당황했습니다. 당연히 항복하러 온 줄 알았는데, 오히려 당당히 나오는 태도에 놀란 것입니다. 시간이 아쉬운 소손녕은 사람을 보내 마루로 올라와 서로 인사를 나누자고 제안했습니다.

서희는 소손녕을 찾아가 인사를 나누고 동서로 마주 앉았습니다. 서희는 서로 대등한 관계임을 협상 초기부터 강조했고, 상대에게 강렬한 인상을 주었습니다.

강한 자신감은 신뢰를 주기 마련입니다. 소손녕은 마음속으로 생각했습니다.

'참 기이한 자로다. 하지만 저렇게 당당한 걸 보면 그의 말은 믿을만 할 것 같구나.'

두 사람은 드디어 본격적으로 협상을 벌였습니다. 각각 거란과 고려를 대표하는 만큼 자기 나라의 국익을 위해 치열한 두뇌 싸움을 펼쳤습니다. 소손녕이 먼저 공격했습니다.

"고려는 신라 땅에서 일어났고 고구려 땅은 우리가 차지했소. 그런데 당신네가 야금야금 우리 영토로 들어왔소. 또 우리나라와 땅이 이어져 있는데도 당신네는 바다 건너 송나라를 섬기고 있소. 그래서 우리가 출병했소. 이제 땅을 떼어서 바치고, 황제에게 알현할 사신을 보내면 무사할 것이요."

항복하지 않으면 바로 공격하겠다는 협박이었습니다. 서희는 이렇게 대답했습니다.

"무슨 소리요, 우리나라가 바로 고구려의 옛 땅이오. 그렇기에 나라 이름을 고려라고 했고, 평양을 수도로 정했소. 굳이 국경을 따진다면 귀국의 동경도 모두 우리 영토에 있던 것인데 어찌 조금씩 먹어들었다고 할 수 있소? 압록강 안팎도 우리 영토인데 지금 여진이 훔쳐 살고 있소이다. 그들이 통로를 막아 바다를 건너는 것보다도 더 어렵기에 황제에게 사신을 보내지 못하고 있소. 만일 여진을 쫓아내고 우리의 옛 땅을 찾아 성보(적을 막으려고 성 밖에 임시로 만든 요새)를 쌓고 길이 통하면 어찌 사신을 보내지 않겠소. 장군께서 내 의견을 천자에게 전하신다면 어찌 가엾게 여겨 받아들이지 않으리오."

거란의 현실적 실체를 인정하면서도 고려의 입장을 설명한 현명한 대답이었습니다. 거란에 군대를 돌릴 명분을 주는 말이기도 했고요. 소손녕은 생각해 보겠노라며 시간을 끌었습니다.

이윽고 소손녕은 거란 임금과 상의한 뒤 자신들이 너그러운 척하며 고려 입장을 받아들이면서 철군을 결정했습니다. 서희와 소손녕은 양국을 대표하여 대략 다음과 같은 협정을 맺었습니다.

- 고려와 거란은 화해 관계로서의 국교를 맺는다.
- 고려는 압록강 지역의 여진족을 몰아낸 뒤 거란에 조공한다.
- 거란은 고려가 압록강 동쪽으로 영토를 확장해도 반대하지 않는다.

협정을 체결한 뒤, 소손녕은 서희의 조리 있는 말과 당당한 태도에 감탄하여 여러 가축과 비단을 선물하고 돌아갔습니다. 이로써 거란과 고려의 첫 대결은 평화로운 협정으로 막을 내렸습니다.

## 고려와 요나라 협정의 의의와 평가

서희는 담판을 통해 전쟁 위기를 없앴고, 나아가 협정을 통해 강동 6주까지 얻었습니다. 언뜻 거란은 얻은 것 없이 빈손으로 철군한 꼴이 됐지요. 두 사람의 협상 태도와 협정 결과를 보면 소손녕이 멍청하거나 심약한 사람으로 생각할 수도 있는 내용이지요.

하지만 그렇지 않습니다. 우선 거란의 입장을 살펴볼까요. 당시 거란은 송나라와 맞서고 있는 상황에서 고려와 전쟁을 치르는 것이 부담스러웠기에 겁만 준 채 화친을 맺으려 했습니다.

이때 고려가 거란에 적대적인 태도를 가지지 않고 황제국으로서 예우해 주겠다고 나오자, 안심하고 송나라 공격에 전념할 수 있다고 생각해서 타협에 응한 것입니다. '고려와의 국교 수립'이라는 1차 목적을 달성한 것이지요.

또한 강동 6주는 거란이 여진을 정벌하면서 점령한 땅이었습니다. 여진족이 땅을 되찾으려고 반격할 수도 있으므로, 차라리 고려에 넘겨서 고려와 여진이 다투도록 하는 게 낫다고 판단한 것입니다. 거란은 일단 송나라를 무너뜨리는 일에 주력할 생각이었거든요.

거란 침공의 실제 목적은 거란과 송나라 전쟁에서 고려를 중립적 입장에 놔두는 것이었던 바, 그렇게 일을 정리한 것입니다. 고려가 거란의 군사력에 어느 정도 겁먹었음을 확인했으니까요.

고려의 입장은 어떠했을까요? 고려는 많은 군사를 모으기가 쉽지 않은 상황이었습니다. 물론 실제 전쟁이 벌어지면 필사적으로 저항했겠지만, 국력 소모가 심한 일이므로 전쟁을 피하고 싶었습니다.

만약 전쟁을 피하고자 서희가 '국토 일부 양보'와 '송나라와 국교 단절'이라는 거란의 두 가지 요구를 받아들였다면 어떻게 됐을까요? 서희는 항복에 대한 책임을 져야 했을 것이고, 두 나라는 큰 전쟁을 치렀을 것입니다.

성종은 서희에게 권한을 주었지만 만약의 경우 전쟁을 각오하고 있었거든요. 국토도 국토지만, 송나라와의 단교는 도저히 상상할 수 없는 일이었으니까요.

서희가 거란의 요구를 거절했다면 어떻게 됐을까요? 거란은 원한 바는 아니지만, 전쟁을 일으켰을 것입니다. 꺼낸 말이 있는데 그냥 돌아가면 자신들을 허수아비로 볼 것이 분명하니까요. 거란은 다소 전력 손실을 입더라도 고려 정부에 큰 타격을 주고서 전쟁을 마무리했을 것입니다.

이런 상황에서 서희가 보여 준 협상술은 정말 기막힌 묘책이었습니다. 서희는 여진족에게 책임을 돌리며 두 나라가 전쟁을 피할 구실을 만들었습니다.

다른 관점에서 보면 적장의 요구(요나라와의 국교 수립)를 받아들이면서도 고려 조정에서 의논할 문제(송나라와의 국교 단절)는 뒤로 미룬 것입니다.

또한 서희는 소손녕이 혼자 판단하기 힘든 결정임을 알아채고 해결 방법까지 알려 줬습니다.

"장군께서 내 의견을 귀국 임금에게 전달하면 틀림없이 받아들이실 것이외다."

서희의 말은 소손녕의 정치 외교적 부담을 크게 덜어 주었습니다. 소손녕이 적국 장수인 서희를 높이 평가하며 선물까지 안겨 준 이유가 바로 여기에 있습니다.

이로써 고려는 큰 이득을 얻었습니다. 거란이 물러간 뒤, 서희는 이듬해 군사를 이끌고 여진족을 쫓아냈으며, 여러 곳에 성을 쌓고 청천강에서 압록강까지 영토를 늘리는 데 앞장섰습니다. 서희 덕분에 고려 국토가 더 넓어진 것입니다.

서희는 전투에 필요한 전략까지 출중한 장군이며, 외교관으로서 뛰어난 협상 전술 덕에 '실용 외교의 달인'으로 불려도 무방한 위인입니다. 대외 협정에 관한 고려 외교사에서 서희는 탁월한 공적을 남긴 위대한 인물로 두고두고 칭송해도 부족함이 없습니다.

1636년 삼전도 조약

# 병자호란의 배경과 진행 그리고 결말

"식량이 부족하다고?"

1635년 만주에 자리 잡은 여진족의 지도자 홍타이지는 식량 부족이 심각하다는 보고를 받고 잠시 생각에 잠겼습니다.

홍타이지는 누구일까요? 1616년 만주 일대를 장악하고 후금(後金)을 세운 누르하치의 8번째 아들입니다. 1626년 누르하치가 죽자, 홍타이지는 다른 형제들을 죽이고 권력을 손에 쥐었습니다.

다른 건 몰라도 홍타이지는 군사적 재능이 남달리 뛰어났고, 사람들을 복종시키는 카리스마가 대단했습니다.

"내게 거역하는 자는 목숨을 부지하기 어려울 것이다!"

홍타이지는 내몽골 지역을 장악하여 세력을 넓혔고, 그를 따라 중국에서 귀순해 오는 한족도 많아졌습니다. 홍타이지에게는 큰 힘이 되는 동시에 먹여 살려야 하는 국민이 늘어난 셈이지요.

거칠 게 없는 홍타이지도 가뭄과 홍수라는 자연재해에는 어려움을 겪었습니다. 1633년 큰 식량 위기를 어렵사리 넘겼는데, 또다시 위기가 찾아오니 참으로 난감한 일이었습니다.

'명나라를 쳐서 식량을 빼앗아올까?'

그렇게 하기에는 어려움이 많았습니다. 남북으로 길게 가로막힌 만리장성을 돌아 중국 본토를 공격하자니 시간이 오래 걸리고, 성곽을 뚫거나 넘어 공격하자니 병력 손실이 클 게 분명하니까요.

1629년 길을 돌아서 명나라 수도 베이징을 포위한 적이 있으나, 또다시 그렇게 하기에는 여러모로 걸림돌이 있었습니다.

'조선도 은근히 신경 쓰이고.'

조선과 명나라가 긴밀한 관계라는 점도 문제였습니다. 1627년 조선을 침공(정묘호란)하여 겁을 준 뒤 '형제의 맹약'을 맺고 철수한 바 있지만, 홍타이지 입장에서 조선은 여전히 믿지 못할 상대였거든요.

"그렇지! 바로 그거야."

홍타이지는 묘안을 찾아냈습니다. 조선으로부터 식량과 물자를 얻어낸 뒤 명나라를 정복하겠다는 구상이었습니다. 홍타이지는 군사 작전만이 아니라 흉악한 계략에도 능한 인물이었습니다. 명나라 명장 원숭환을 모략으로 죽인 데에서 그런 면모를 확인할 수 있습니다.

원숭환이 누구냐고요? 승승장구하던 후금 태조 누르하치에게 유일한 패배를 안긴 바 있는 명나라 장군입니다. 1629년 홍타이지가 군대를 이끌고 명나라로 쳐들어갔을 때 두 차례나 막아낸 인물입니다.

'원숭환이 있는 한 명나라를 정복하기 힘들겠구나!'

이렇게 판단한 홍타이지는 계략을 썼습니다. 포로로 잡은 명나라 환관 두 명이 갇혀 있는 옆방에서, 부하 두 명이 들릴 듯 말 듯한 목소리로 밀담을 나누게 한 것입니다.

"원숭환이 우리 임금과 내통해서 베이징을 나눠 갖기로 했다네."

"그렇다면 자금성 함락이 멀지 않았군."

홍타이지는 환관 두 명을 슬쩍 풀어 주게 했고, 환관들은 명나라 황제에게 달려가서 대단한 비밀을 알아낸 듯 보고했습니다. 그 말을 그대로 믿은 명나라 황제는 원숭환을 불러들여 처형해 버렸습니다. 절체절명 위기에서 명나라를 지키던 원숭환은 억울하게 죽었습니다.

홍타이지는 작전 성공에 쾌재를 불렀습니다. 뒷날을 도모하며 물러났지만, 머지않아 명나라를 점령할 수 있다는 자신감을 얻었습니다. 홍타이지는 이처럼 군사력과 모략을 겸비한 통치자였습니다.

"황제 즉위식을 준비하도록 하라!"

홍타이지는 1636년 여진이라는 명칭 사용을 금지하고 만주라는 이름을 쓰도록 명령하면서, 나라 이름을 후금에서 대청국(大靑國)으로 바꾸었습니다. 이와 함께 대대적인 황제 즉위식을 치르고 자신을 '관온인성황제'라고 칭했습니다.

홍타이지가 청나라를 세우고 황제를 자칭한 데에는 이유가 있습니다. 그는 몽골 제국의 황제 도장인 '대원전국(大元傳國)'을 손에 쥐자 후계자임을 대외적으로 선포한 것입니다. 실제로 만주와 몽골 땅을 지배하고 있었으니 그렇게 말해도 이상한 일이 아니었지요.

"와서 황제에 대한 예를 나타내도록 하라!"

홍타이지는 즉위식 이전에 조선에 이렇게 통보했습니다. 그러면서 조선 정부가 거절하리라고 예상했습니다.

청나라 입장에서는 당연한 요구가 조선 정부 입장에서는 절대 받아들일 수 없는 일이었으니까요. 정묘호란을 통해 후금(청나라)과 형제 관계를 약속한 이후에도, 조선은 명나라에 조공을 바치며 군신 관계를 유지하고 있었기 때문입니다.

"하늘 아래 황제는 오직 한 분이거늘 어찌 두 황제를 섬길 수 있단 말입니까."

조선 조정은 황제 즉위식 동참 요구를 무시했습니다. 아직 명나라가 멀쩡히 존재하는데 유교를 신봉하는 조선 정부가 신의를 저버리는 행동을 할 수 없었습니다.

"아무래도 저들이 침입해 올 것 같으니 방비를 단단히 하라."

청나라 군사력에 명나라가 휘청휘청하는 상황인지라, 조선은 독자적으로 대비에 나서긴 했지만, 사실상 실행하기 어려웠습니다. 1623년 인조반정과 1624년 이괄의 난, 그리고 1627년 정묘호란을 겪으면서 재정적으로 계속 어려움을 겪고 있었기 때문입니다.

조선은 힘을 내어 어영군, 총융군, 속오군 등 전국적으로 10만여 군사를 조직했지만, 이괄의 난 때 평안북도 담당 1만 2천 명가량의 정예병을 손실한 일이 무척 안타까웠습니다.

"이건 뭐지?"

게다가 인조(仁祖, 재위 1623~1649년)가 변경 지역 군사 책임자에게 보낸 비밀 지령이 조선에 왔다가 돌아가던 청나라 사신 손에 넘어가는 일까지 벌어졌습니다. 당시 청 태종(홍타이지)은 조선에 사신을 보내 '형제 관계'를 '군신 관계'로 바꾸자고 했고, 말 3천 필과 정병 3만 명까지 요구했습니다. 조선으로서는 도저히 들어줄 수 없는 일이었지요.

“명나라를 치기 전에 조선을 꼼짝 못 하게 하면서 식량과 물자를 보급받으려면 이제 본때를 보여 줘야 하겠지.”

홍타이지는 1636년 12월 28일 앞장서서 조선을 침공했습니다. 많은 병력이 배 타고 강을 건너려면 여러모로 불편하기에 압록강이 얼기를 기다렸다가 그리한 것입니다.

홍타이지의 군대는 청나라 사병 7만여 명, 한인 사병 2만 명, 몽골인 사병 3만여 명으로 구성된 12만 대군이었습니다.

이에 비해 평안북도 의주 길목을 지키던 임경업 장군의 병력은 고작 500명이었습니다. 물론 백마산성 안에 있었으므로 상대적으로 방비하기는 쉬웠지만, 그래도 대적하기에는 너무 적은 인원이었지요.

그런데 홍타이지는 백마산성을 공략하지 않고 그곳을 피해 가는 전략을 썼습니다. 임경업 장군의 명성을 익히 들어 알기에 그곳에서 접전을 벌이며 시간을 보내기보다는 조금 돌아가더라도 빨리 조선 수도를 점령하는 게 낫다고 판단했기 때문입니다.

기병 중심의 청나라 군대는 빠른 속도로 안주, 평양, 개성을 차례로 함락하면서 불과 7일 만에 한성에 이르렀습니다.

"어떻게 이런 일이!"

주요 병력을 산성에 배치하여 청군에 대응하려던 조선의 전략은 쓸모없게 됐습니다. 청군이 산성을 무시하고 큰길로 이동했기 때문입니다.

조선 정부는 긴급히 산성에서 나와 청군을 막으라고 지시했으나, 도원수 김자점은 제멋대로 병사들을 산성에서 나오지 않도록 내버려두었습니다. 한심한 지휘자가 조선을 더욱 위기에 빠트린 것입니다. 의병들이 궐기할 틈도 없었습니다.

놀란 조선 왕실은 강화산성으로 피신하려고 했습니다. 왕자 둘을 비롯한 왕족 일부가 먼저 강화산성으로 들어갔습니다. 인조도 곧이어 뒤따라 길을 떠났는데 그사이 청나라 군대가 강화도로 가는 길목인 경기도 김포 일대를 점령한 바람에 그리로 갈 수가 없었습니다.

청군은 현지에서 식량을 조달하는 전략을 썼기에 청군이 지나가거나 머무는 곳은 약탈이 마구 벌어졌습니다.

평지에 오래 머무르다가는 포로가 되기에 알맞았습니다.

"남한산성으로 가도록 하라!"

인조는 튼튼하게 구축해 놓은 남한산성으로 들어갔습니다.

산성의 위력은 대단했습니다. 청군이 도저히 공략하지 못했으니까요. 조선 정부는 추운 겨울 날씨 탓에 성 밖 청군이 제풀에 지쳐 돌아갈 수 있겠다고 생각했습니다.

그러나 그건 착각이었습니다. 홍타이지는 오로지 조선 국왕을 잡기 위해 쳐들어온 만큼 남한산성을 포위하고 공략하는 일에만 집중했습니다.

그해 겨울은 몹시 추웠습니다. 추위를 타기는 조선군이나 청군이나 마찬가지였습니다. 어찌 생각하면 북쪽에서 내려온 청군이 추위를 더 잘 견딜 수 있었습니다.

"배고픈데 오늘도 주먹밥 하나로 버텨야 하나?"

문제는 조선 진영에서 일어났습니다. 외부로부터 성안으로의 보급이 완전히 차단되자, 식량이 부족해진 것입니다. 남한산성 안에 비축된 쌀 1만 4천 섬은 군사 1만 2천여 명이 50여 일 먹을 분량이었습니다.

그 시각 함경도에서 2만 병사를 거느리고 있는 김자점은 꿈쩍하지 않고 자신의 안전만 도모하며 세월을 헛되이 보냈습니다. 김자점은 조선군 총지휘자로서의 대리 역할도 사실상 수행하지 않았습니다. 지방군에게 남한산성에 모여 청군에 대항하라고 명령했다면 사태는 달라졌을 텐데 그렇게 하지 않은 것입니다.

반면에 전국 각지에서 지방군과 의병들이 임금을 구하기 위해 남한산성으로 몰려들었으나 모두 청군에게 패배했습니다. 군사 훈련도 제대로 받지 못한 임시 병력이 오래 훈련받은 정예군을 상대하기 힘들었던 까닭입니다. 너무나 대조적인 비극이 이 땅에서 연출되고 있었던 것입니다.

"군사들이 기력이 없어서 서 있기도 힘들다고 합니다."

"그렇다고 오랑캐에게 머리를 수그릴 수는 없습니다."

성안에서 신하들은 항복 여부를 놓고 열띤 토론을 벌였습니다. 끝까지 싸우자는 주전파 의견과 현실을 고려해 항복하고 후일을 도모하자는 주화파가 대립했습니다. 인조는 처음에는 주전파에 동조했다가 이내 주화파의 의견을 따랐습니다.

항복을…

“그대들이 원하는 조건을 말해 주십시오.”

겉으로는 팽팽히 대치하고 있는 가운데 은밀히 협상이 시작됐습니다. 주화파 대표인 최명길이 나서서 청나라의 의중을 떠보았습니다.

홍타이지는 삼배구고두로 항복 예절을 갖추라고 요구했습니다. ‘삼배구고두’란 세 번 절하고 머리를 아홉 번 조아리는 항복 의식을 말합니다. 너무 치욕적인 말이라 최명길은 일단 그 요구를 받아들이지 않았습니다.

그러던 때에 강화산성이 함락되어 왕자와 왕족들이 모두 포로가 되었습니다. 그 소식을 접한 인조는 항복을 결심했습니다. 자신과 왕족이 모두 죽으면 조선 왕실 혈통이 끊어진다고 생각했기 때문입니다.

1637년 1월 21일 조선 정부는 청군에게 항복 문서를 보냈고, 이튿날 홍타이지가 답변을 보냄으로써 전쟁이 마무리됐습니다.

조선과 청나라가 맺은 강화 조약의 주요 내용은 다음과 같습니다.

● 명나라와 국교를 끊고 청과 군신 관계를 맺을 것.

● 명나라 연호 대신 청나라 연호를 쓸 것.

● 세자, 왕자와 대신의 아들을 청나라 수도(심양)에 인질로 보낼 것.

● 청나라가 명나라를 공격할 때 원병을 보낼 것.

● 정기적으로 조선은 청나라에 사신을 파견할 것.

● 인질이 조선으로 도망할 경우 무조건 심양으로 되돌려 보낼 것.

● 양국 신하 자제들과의 통혼을 장려, 우의를 다질 것.

● 성곽을 보수하거나 새로 짓지 말 것.

● 조선은 매년 예물을 청에 세폐(해마다 가을에 바치는 공물)로 보낼 것.

1637년 2월 24일 인조는 세자 등 500명을 거느리고 성문 서쪽 문으로 나왔습니다. 임금은 항상 남문으로만 다니는 것이 법도이지만, 홍타이지가 남문 출입을 허락하지 않았기에 어쩔 수 없이 서문으로 나온 것입니다.

"삼가 인사드립니다."

인조는 삼전도(삼밭 나루)에 설치된 수항단에서 홍타이지에게 삼배구고두를 행했습니다. 한 번 절할 때마다 세 번 머리를 땅바닥에 부딪치는 인사는 조선인이라면 차마 눈 뜨고 볼 수 없는 풍경이었습니다.

오랫동안 오랑캐라고 멸시해 온 여진족 우두머리에게 항복하는 의식도 그렇거니와 한 나라의 최고 통치자가 수치스러운 인사를 세 차례 반복하는 모습이었으니까요.

홍타이지는 흡족한 표정으로 인사를 받아 주었고, 이후 청군을 이끌고 돌아갔습니다. 그러나 그냥 가지 않고 맹약에 따라 조선 왕위 계승자인 소현 세자와 빈궁, 봉림 대군 등을 인질로 삼고, 끝까지 싸우자고 주장했던 주전파 홍익한, 윤집, 오달제를 비롯해 수십만 명을 포로로 데려갔습니다.

이로써 조선은 명나라와의 관계를 완전히 끊고 청나라에 복종하는 신세가 됐습니다. 이런 관계는 1895년 청일전쟁에서 청나라가 일본에 패하고서야 끝났습니다.

## 삼전도 조약의 의의와 평가

삼전도에서 맺은 강화 조약 내용을 살펴보면 조선의 처지가 엄청나게 불리합니다. 병자호란 이전보다 세폐가 3배로 늘었고, 청군이 명나라를 공격하면 즉각 대규모 원정군을 보내야 했으니까요.

무엇보다 대다수 조선인이 몹시 아프고 불편했던 점은 얕잡아 보며 무시해 왔던 상대에게 굽실거려야 한다는 사실이었습니다.

그러하기에 삼전도 조약은 조선인에게 참으로 모욕적인 협정이었습니다. 민간에서 난리 직후《임경업전》,《박씨전》같은 가상 승리 소설이 널리 읽힌 것만 봐도 그렇습니다.

부끄러운 현실을 잊고자 상상 속에서나마 대리 만족을 느끼고 싶어 했던 것이지요. 요즘 사람들이 영화나 TV 드라마를 통해 대리 만족을 느끼려 하는 것과 비슷한 이치입니다.

"나쁜 놈은 반드시 혼내 줘야 속이 후련해."

병자호란 발발 이유에 대해 인조의 친명배청(명나라를 섬기고 청나라를 배척함) 정책 때문이라고 말하는 학자도 있습니다. 그러나 꼭 그것 때문에 조선이 환란을 맞은 것은 아닙니다. 조선이 처음부터 청나라의 요구를 받아들였다면, 조선은 많은 공물과 군인을 바치느라 피땀을 흘려야 했을 것입니다.

또한 국가적으로든 인간적으로든 실익을 위해 신의를 저버리는 행위를 무조건 권할 일도 아닙니다. 결과적으로 명나라가 홍타이지의 전략에 말려 멸망하긴 했지만, 만약 명나라가 청군을 물리쳤다면 청군을 도와준 조선은 더 난감한 처지에 몰렸을 것입니다.

조선 정부는 어떻게 처신해야 했을까요?

사실 그 무렵 국제 정세는 전쟁을 막기 어려운 상황이었습니다. 홍타이지는 권력욕과 정복욕이 대단히 강한 사람이었기에 평화로운 화친 조약이나 어설픈 타협책은 받아들이지 않았을 테니까요. 명나라는 무능한 황제와 탐욕스러운 신하들끼리의 암투로 스스로 망하는 길을 걷고 있었고요.

누군가 탁월한 묘안을 찾아냈다면 모를까 외부 상황은 우리 힘만으로 대처하기 힘든 형편이었습니다.

그렇다면 병자호란을 통해 우리는 무엇을 배워야 할까요?

첫째, 정치 지도자는 정당성을 가져야 한다는 것입니다. 인조는 광해군을 몰아내고 왕위에 올랐는데, 반정(옳지 못한 임금을 몰아내고 새 임금을 세우는 일)은 유교에서 금기시하는 패륜이었습니다.

자연히 인조를 찬성하는 사람과 반대하는 사람이 알게 모르게 서로 미워하게 됐습니다. 남을 욕하면서 자신이 욕먹을 행위를 하는 것은 국가적으로 큰 재앙을 가져올 수 있는 일입니다.

둘째, 정치 지도자는 공평하게 일을 처리해야 합니다. 한 예를 들면 이괄이 인조에게 반란을 일으킨 이유는 자기 공적을 제대로 인정해 주지 않은 데 있습니다. 반정 이후에라도 정당하게 나랏일을 살폈다면 조선은 빠르게 안정을 찾았을 것입니다.

셋째, 위기 상황에서 서로 심하게 비방하며 자기주장만 내세워서는 안 된다는 점입니다. 비판하며 논리를 따지되 감정을 상하게 하는 말은 삼가야 하고, 상대 주장에서 장단점을 분석해 더 나은 결론을 내야 하지요.

한편, 청나라는 조선 정부에 삼전도에 비석을 세우라고 요구했습니다. 자신들의 업적을 패배한 국가가 기록하게 한 것이지요. 삼전도는 조선 시대 한강에 설치된 최초의 나루터 중 하나로 교통의 요지였습니다. 하여 삼전도비(청태종공덕비, 사적 제101호)가 한강 상류 나루터에 세워졌습니다.

사람들이 많이 다니는 곳에 세워진 삼전도비는 세월이 흐른 뒤 여러 수난을 당했고, 지금은 잠실 지역에 보존되어 있습니다. 삼전도비를 부끄러워하되 반성의 계기로 삼아 같은 일을 되풀이하지 않도록 노력해야 합니다.

1712년 백두산정계비 국경 조약

# 알쏭달쏭 비문에 얽힌 사연

예부터 우리 민족은 백두산을 성스러운 산으로 여겼습니다. 신성하게 여기는 만큼 그 상징성도 매우 컸기에 백두산에서 뭔가 기념하려는 사람도 있었습니다. 조선 시대의 유명한 남이 장군이 그런 인물 중 하나입니다.

남이는 1467년 이시애의 난을 진압하여 명성을 떨쳤고, 돌아오는 길에 백두산에 평정비를 세우면서 다음과 같은 시를 새기게 했습니다.

백두산석마도진(白頭山石磨刀盡, 백두산 돌은 칼로 갈아 다하고)

두만강수음마무(豆滿江水飮馬無, 두만강 물은 말에게 먹여 없애노라.)

남아이십미평국(男兒二十未平國, 사나이 스물에 나라를 평정치 못하면)

후세수칭대장부(後世誰稱大丈夫, 뒷날 누가 대장부라 이르리오.)

사나이의 넓고 큰 기개를 ‘백두산’과 ‘두만강’이란 상징적 단어로 나타낸 것이지요. 이처럼 ‘백두산’은 조선인이라면 누구라도 아는 지명인 동시에 분명한 조선 땅으로 여겨졌습니다. 옛날부터 우리 민족의 활동 무대였으니만큼 당연한 일이었지요.

그런데 17세기(1601~1700년)에 심각한 말썽이 끊이지 않고 일어났습니다. 조선인들이 산삼을 캐거나 사냥하러 종종 백두산에 들어갔는데, 이곳에 중국인들이 들어와 그런 행위를 따라 했습니다.

그러자 조선인들이 그들을 쫓아내거나 혼내 주었고, 그들은 그들대로 저항하며 맞싸웠습니다.

“이곳은 우리 지역이다. 너희가 함부로 돌아다닐 수 있는 곳이 아니다!”

“너희 땅이라는 표시가 어디 있느냐? 너희는 우리를 막을 권리가 없다.”

조선인과 중국인 사이에 이런 충돌이 점점 잦아졌습니다. 그 무렵 백두산 부근의 땅은 영토가 조금 애매했습니다. 백두산에는 조선인이 더 많이 다니긴 했으나, 백두산 좌우로 흘러내리는 압록강과 두만강 지역에는 조선인과 중국인, 만주족 등이 여기저기 흩어져 살고 있었습니다. 국경선이 그어져 있지도 않았고요.

그렇지만 조선인은 나름대로 조심스럽게 관리해 온 백두산 부근의 인삼밭이 중국인들로부터 해를 입자 크게 분노해서 과격한 반응을 보이곤 했습니다. 쫓겨난 중국인은 그들 정부에 하소연하며 대응해 왔습니다.

"조선인들이 백두산에서 텃세를 부린다고? 우리가 가서 살펴보리다."

1685년 청나라 관원들이 백두산 부근을 답사하다가 조선 채삼인(삼을 캐는 사람)의 습격을 받아 크게 다쳤습니다. 청나라 정부는 조선 정부에 이 일을 항의하며 외교 문제로 비화시켰습니다.

조선 정부는 개인적인 돌출 행동이라며 사태를 해명했지만, 이후에도 조선인과 중국인의 충돌은 계속됐습니다. 1704년과 1710년에는 백두산 부근 두만강과 압록강 건너에서 조선인들이 중국인들을 죽이는 일까지 일어났습니다.

"여기는 청나라 땅이니 넘어오지 마라!"

사태가 이쯤 되자 청나라 정부는 관리들을 대거 동원하여 국경을 적극적으로 단속했습니다. 압록강을 건너온 조선인들을 붙잡아 가두거나 다시는 강을 넘어오지 않겠다는 다짐을 받고 풀어 주었습니다.

"죄 없는 조선인들을 함부로 체포하지 마시오."

조선 정부가 항의하자, 청나라 관리들은 함께 현장을 확인하자고 제안해 왔습니다. 하여 1711년 조선에서는 참핵사를 파견해서 압록강 국경 넘는 일을 살펴보게 했습니다.

‘참핵사’는 중국과 공동으로 처리해야 할 특별한 사건이 생겼을 때 중국에 보내던 사신을 이르는 말입니다.

청나라에서는 오라총관 목극등이 나와 공동으로 국경을 살펴보다가 조선인이 국경 넘는 범법 사례를 적발했습니다. 목극등은 조선 관리에게 따지고 들었고, 조선 관리는 말하기 곤란해서 대꾸하지 못했습니다.

“할 말 있으면 어서 말해 보시오.”

1712년 청나라 정부는 조선인의 압록강과 두만강 월경을 문제 삼는데 그치지 않고 한 걸음 더 나가서 백두산마저 자신들 영토로 삼으려 했습니다. 청나라는 백두산을 왕실의 발상지로 여겼기 때문입니다.

1677년에는 청나라 강희제가 백두산 산신에게 제사를 지내기도 했습니다. 하여 청나라는 이번 기회에 백두산을 청나라 영토 안에 넣으려는 계획을 꾸몄습니다.

"우리 관리를 백두산에 보내 국경을 정확히 조사하려 하니 협조해 주시오."

청나라 공문을 받아든 조선 정부는 잠시 당황했습니다. 백두산 전체를 우리 산으로 생각해 오며 되도록 거론하지 않으려 했는데, 청나라가 강하게 변경 문제를 요구했기 때문입니다. 하지만 국력이 약한 현실에서 마냥 회피할 수 없기에 그에 응했습니다.

"우리 입장을 잘 헤아려서 처신하시오."

조선 정부는 참판(오늘날 차관급 고위 관직) 박권을 접반사(외국 사신을 접대하던 임시 벼슬아치)로 보내 함경감사 이선부와 함께 가서 맞이하도록 했습니다.

"아직도 길이 멀었는가?"

박권 일행은 함경도 혜산진에서부터 강행군하여 허겁지겁 백두산 자락에 이르렀습니다. 청나라 목극등 일행이 먼저 와서 기다리고 있었기에 부지런히 간 것입니다. 57세 박권은 걸어가는 도중 몹시 지쳐 중간에서 뒤처졌습니다.

"우리는 늙어서 도저히 정상에 올라갈 수 없으니 자네들이 다녀오게."

조선 대표 박권과 이선부가 늙고 병들었단 이유로 등산을 포기하자, 30대 나이의 중국 대표 목극등은 속으로 무척 좋아했습니다. 직급 낮은 조선 관리들을 상대하여 자기 뜻대로 국경선을 정할 수 있다고 생각했기 때문입니다.

‘백두산 정상을 경계로 하고 남북으로 갈라 정한다.’

당시 조선 정부는 이런 지침을 박권에게 내린 상태였습니다. 하지만 그가 임무를 아랫사람에게 넘긴 바람에, 청나라 파견관 목극등의 생각대로 일이 진행되었습니다.

조선 관원 6명은 그저 따라다니는 역할밖에 하지 못했습니다. 그나마 조선 역관 김지남이 제 역할을 했습니다.

백두산 천지에 올라간 뒤 목극등이 조선의 경계가 어디냐고 묻자, 김지남이 이렇게 대답했습니다.

“예부터 천지 이남은 조선의 경내이오이다.”

그에 대해 목극등은 별다른 표정을 짓지 않았습니다. 청나라가 제사를 지낸 곳이 백두산 북쪽이었기 때문에 천지 이남에 대해서는 크게 신경 쓰지 않은 듯합니다.

두 나라 관리 일행은 천지를 올라간 뒤 다시 내려와 동남쪽 4킬로미터 지점인 해발 2200미터 고지에 정계비를 세우기로 합의했습니다.

“자, 여기다 정계비를 세웁시다.”

정계비는 ‘국경을 정하여 세우는 비석’을 이르는 말입니다. 목극등이 가리킨 그곳은 백두산 천지에서 내려온 물줄기가 人(사람인) 자 모양으로 갈라져 흐르는 분수령 위의 바위였습니다.

이렇게 하여 세워진 백두산정계비에는 다음과 같은 내용이 적혔습니다.

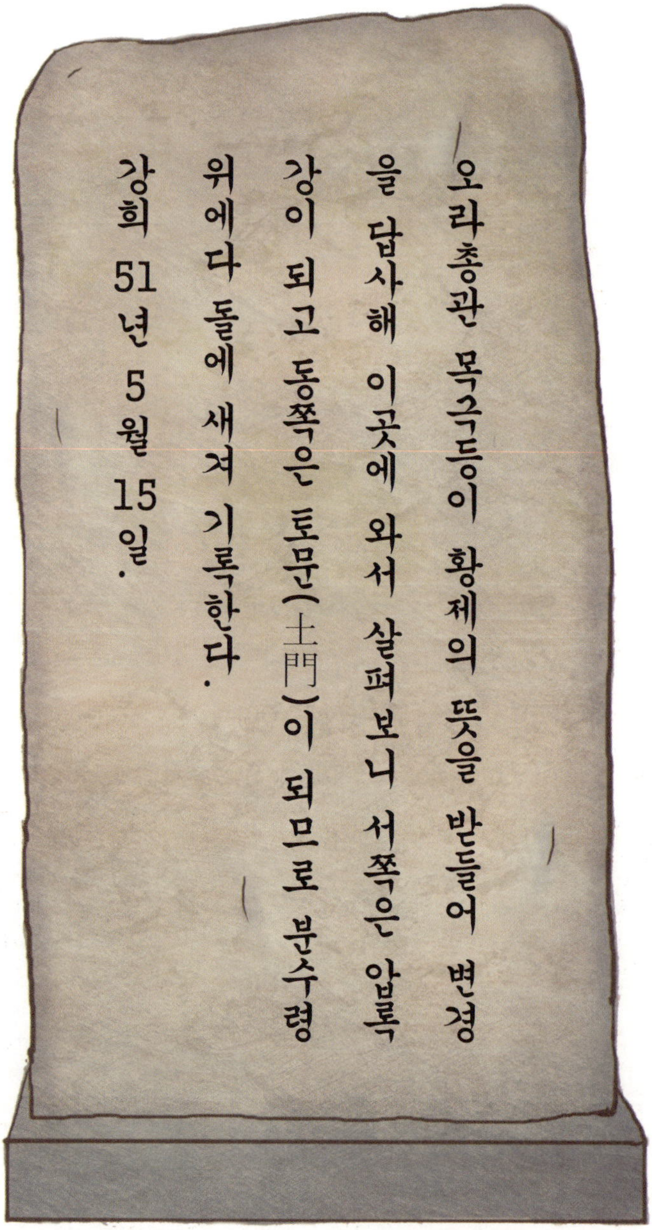

정계비에는 청나라 수행원과 조선 관원 6명의 이름도 새겨졌습니다. 엄연히 조선 대표가 있지만, 현장을 눈으로 확인한 사람도 기록에 남긴 것이지요. 일행은 비석을 세운 뒤 땅을 살펴보면서 내려오기 시작했습니다.

"잠깐! 하나 더 정합시다."

목극등은 발걸음을 옮기려다가 조선 관원들을 보며 한마디 더 했습니다.

"토문강 물길이 중간에 땅속으로 들어가서 경계를 확인할 수 없는 곳에는 돌이나 흙으로 돈대를 쌓아 아래쪽 강물까지 연결합시다. 그래야 국경을 넘는 일이 없지 않겠소."

'돈대'는 평지보다 조금 높직하면서 두드러진 평평한 땅을 이르는 말입니다. 목극등은 이렇듯 철저히 경계를 확인 조정했습니다. 뒷날 논란의 여지가 있는 점이 있으나, 어쨌든 이렇게 해서 조선과 청나라 사이에 구체적인 경계선이 확정됐습니다.

아래에서 초조하게 대기하던 박권은 정계비와 관련하여 천지 이남에 관련된 내용을 보고받고 무척 기뻐했습니다. 조선 정부에서 내려준 지침이 그대로 반영된 까닭입니다.

조선 정부는 비록 백두산 전체를 지키지는 못했으나, 천지 이남에 대한 영토 소유권을 인정받았다는 사실에 안도의 한숨을 내쉬었습니다.

## 백두산정계비의 의의와 평가

정계비는 조선과 청나라의 국경이 명확히 설정된 비석이라는 데 의의가 있습니다. 백두산은 압록강과 두만강 사이에 있는 유일한 육지인데, 정상의 천지 이남을 조선 영토로 정하고 천지 이북을 청나라 영토로 확인한 것이지요.

하지만 돈대를 설치하는 과정에서 한 가지 애매한 사실이 드러났습니다. 목극등이 정한 수계(땅 위 물이 모여서 흐르는 물줄기)가 두만강이 아닌 송화강으로 이어진다는 문제를 뒤늦게 발견한 것입니다. 송화강은 백두산에서 내려온 물이 물줄기를 이뤄 북쪽 만주로 흘러가는 강물입니다.

"백두산 좌우가 아니라 왼쪽과 북쪽이네."

"청나라가 알면 다시 조정하자고 할 텐데, 이를 어쩌나."

그렇습니다. 청나라 대표 목극등은 의욕은 넘쳤으나 실수를 범한 것입니다. 왜냐하면 그가 말한 '토문'은 청나라의 경우 백두산 동쪽으로 흐르는 강물로 생각하지만, 조선에서는 송화강의 지류(갈려 나온 물줄기)라고 생각하고 있었으니까요. 같은 맥락에서 '동쪽은 토문'이란 문구도 문제의 여지가 있었습니다.

그러나 추가 조정은 이뤄지지 않았습니다. 정계비에 참여한 조선 관원들은 질책이 두려워서 수원(물이 흘러나오는 근원)보다 남쪽으로 5킬로미터 정도 떨어진 곳에 돈대를 쌓았고, 조선 정부는 이의를 제기했다가는 영토가 더 줄어들까 봐 아무 조치를 취하지 않았습니다.

백두산정계비는 사실 허점이 많은 협정을 담고 있는 비석입니다. 조선을 대표하는 책임자의 서명이 없을 뿐만 아니라 국경을 이루는 강의 명칭도 정확하지 않으니까요. 그렇지만 양국에서 파견한 관리들이 합의 진행했고, 구두 합의를 비문에 기록으로 남겼다는 점에서 국제 조약으로 볼 수 있습니다.

한편 백두산정계비는 1931년 9월 만주 사변이 일어난 직후에 없어졌고, 사진만 남아 있습니다.

1876년

강화도 조약

# 조선의 대문을 열게 만든 조일 수호 조규

"휴, 따분하다."

"그러게 말이야. 이렇게 좋은 날 멍청하니 바다만 바라보고 있어야 하다니."

1875년 9월 20일 오후였습니다. 강화도 초지진을 지키던 조선 병사들은 맑은 가을 하늘을 바라보며 신세타령을 했습니다. 그들은 잠시 뒤 벌어질 일을 전혀 예상하지 못하고 있었습니다.

"저기 좀 봐. 갑자기 나타난 저 큰 배는 뭐지?"

"우리 배는 확실히 아니고, 깃발이 없으니 어느 나라 배인지 알 수 없네."

"자네는 가서 빨리 보고 드리게."

오후 4시쯤, 조선 병사들은 바짝 긴장한 채 근처 해안에 나타난 큰 군함을 유심히 지켜봤습니다. 외국 배인데도 국기를 달지 않았다는 것은 신분을 밝히지 않은 일과 같기에 마땅히 경계해야 할 일이니까요.

점점 다가오는 배는 군함으로 여겨졌는데, 조선에서는 볼 수 없는 크기에다 매우 위협적으로 보였습니다. 군함은 어느 정도 거리를 둔 상태에서 멈추는 듯싶더니 작은 배를 내렸습니다. 큰 배가 다니기에는 항로가 좁고 암초가 많았기 때문입니다.

"쟤들이 뭐하려고 저러지?"

자세히 살펴보니 동양인 군인들이 이내 작은 배에 올라타고는 해안으로 접근해 왔습니다. 그들은 모두 총을 들고 있었습니다. 이에 조선 병사들은 즉각 대포를 쏘면서 접근하지 말라고 경고했습니다.

강화도는 조선의 중요한 군사 기지로서 병인양요(1866년 프랑스의 침략)와 신미양요(1871년 미국 군함의 침입) 이후 낯선 배를 늘 경계해 왔기에 조선 병사들은 즉시 응징에 나섰던 것이지요.

"펑! 펑!"

"쾅! 쾅!"

상대 군함에서도 대포를 쏘며 자기네 병사들을 도왔습니다. 치열한 전투가 벌어졌고, 상륙이 어렵다고 판단했는지 정체 모를 군인들은 자기네 군함으로 되돌아갔습니다.

1차 전투는 그렇게 막을 내렸습니다. 불안감으로 하루를 보낸 조선 병사들은 그때야 안도의 한숨을 내쉬었습니다.

"어라, 어제 그놈들이 또 나타났다!"

이튿날 오전 8시쯤 초지진에서 보초 서던 조선 병사들은 깜짝 놀라 비상을 외치며 경계 태세에 돌입했습니다. 다시 등장한 군함에는 국기가 달려 있었습니다. 일본 국기였습니다.

그들은 무슨 이유에서인지 전날과 같은 방법으로 다시 초지진을 공격해 왔습니다. 이번에도 조선 병사들은 잘 대응하여 작은 배를 타고 접근하려는 일본군이 땅에 오르지 못하게 했습니다. 일본군 병사들은 후퇴했고, 군함은 저 멀리 물러갔습니다.

"왜놈들이 왜 저러는 거지?"

"이놈들이 우리를 우습게 아는 모양이야."

조선 병사들은 괴선박의 정체가 일본 국적이라는 것을 확인했고, 또한 이틀 연속 침입을 물리쳤다는 사실에 자부심을 느꼈습니다. 그렇지만 조선군 피해도 매우 컸습니다. 일본 군함의 포격으로 포대가 대부분 파괴됐거든요. 다시 공격을 받는다면 대응하기 곤란한 상태였습니다.

일본 군함 운양호에 있던 일본군은 전략을 바꿨습니다. 신식 무기를 가져 쉽게 이기리라 생각했는데, 뜻밖에 조선군 저항이 커서 그러지 못했기 때문입니다.

"기습 공격을 합시다."

"그러려면 해가 뜨기 전 새벽에 번개처럼 공격하는 게 좋겠습니다."

군함 출현 3일째인 22일 새벽, 일본군 병사들은 초지진이 아니라 근처에 있는 영종도를 습격했습니다. 보초를 서던 몇몇 조선군이 총을 쏘며 대응했으나, 일본군 공격이 더 거셌습니다.

조선군 대포는 사거리가 짧은 구식이었고, 일본군 대포는 더 멀리 날아가는 신식이었기 때문입니다. 게다가 조선 대포는 한 방향으로 고정되어 있었습니다.

일본 군함은 그 사정을 눈치채고 조선군이 쏜 대포알이 미치지 못하는 곳으로 방향을 틀어 자리 잡은 다음, 일방적으로 공격해 왔습니다.

영종진 포대 안으로 들어간 일본군은 조선 병사 35명을 죽이고 16명을 붙잡았으며 대포 38문과 각종 무기를 빼앗았습니다.

일본군은 초지진에서의 패배를 영종진에서 분풀이했습니다. 초가를 불태우고, 영종진에 보관된 물품들도 값진 것은 챙기고 나머지는 모두 불태웠습니다. 불길을 피해 조선 병사 수십 명이 바다로 뛰어들었지만, 거센 물살에 휩쓸려 모두 죽었습니다.

일본군은 닭과 돼지까지 군함으로 가져갔습니다. 일본군은 섬 전체가 불타오르는 풍경을 보면서 밤 10시쯤 군함으로 돌아갔고, 승리를 자축했습니다.

이 전투는 작은 지역의 패배로 끝나지 않고 이후 조선 전체에 커다란 먹구름을 가져왔습니다. 조선으로서는 엄청난 재앙의 시작이었던 셈입니다.

일본군은 왜 이런 짓을 저질렀을까요? 이유를 알려면 그 무렵 일본 사정을 살펴봐야 합니다.

19세기(1801~1900년) 초까지만 해도 일본은 그다지 위협적인 상대가 아니었습니다. 그러던 일본에 상당한 변화가 생겼습니다. 1853년 일본 에도(현재의 도쿄) 근처에 미국 페리 함대가 나타나면서 있던 일입니다.

"우와, 무슨 배가 저렇게 크지?"

"검은 배가 무섭다."

일본인들은 페리 함대의 군함을 보고 놀라 겁을 먹었습니다. 당시 일본 배보다 10배나 큰 크기와 검은빛에 강렬한 인상을 받았기 때문입니다.

미국 군함은 나무가 썩지 않게끔 콜타르를 칠해 검게 보였는데, 그걸 모르는 일본인들은 '흑선(黑線)'이라고 부르며 두려워했습니다.

"1년 뒤 다시 올 테니 그때까지 개국할지 말지 결정하시오."

배에서 내린 페리 제독은 미국 대통령이 부여한 임무대로 일본 정부에 국서를 전하여 개항하라고 통보하듯 말했습니다. 형식적으로는 권유이지만, 실제로는 협박이나 다름없는 행위였지요. 미국 요구를 받아들이지 않으면, 일본에 무력을 행사하겠다는 시위를 군함 4척으로 보여 준 것이니까요.

이듬해인 1854년 2월, 페리 함대는 군함을 8척으로 늘려 다시 일본에 등장했습니다. 일본 정부는 어쩔 수 없이 미국과 수호 조약을 체결하기로 약속하며 전쟁 위기를 넘겼습니다. 그리하여 1858년 미국과 일본 사이에 '미일 수호 통상 조약'이 체결됐고, 일본 정부는 대문을 활짝 열었습니다.

"자, 이제 두 나라는 좋은 사이가 됐습니다."

그런데 이 조약은 일본에 매우 불평등한 내용을 담고 있었습니다. 한 예를 들면 치외 법권과 협정 세율이 그렇습니다.

이때의 '치외 법권'은 일본에 머무는 미국인이 범죄를 저지를 경우 일본법에 따르지 않고 미국법에 따라 미국 영사관이 재판권을 가진다는 내용이었습니다.

또한 '협정 세율'은 미국에서 일본으로 수입되는 상품에 대하여 일본 정부 마음대로 세율을 정하지 않고 미국과 협의하여 세금을 정해야 한다는 조항입니다.

미일 수호 통상 조약을 계기로 영국과 프랑스도 일본과 수호 통상 조약을 체결했고, 일본은 비록 불공정한 조항이 있을지언정 빠른 속도로 서양 문물을 받아들이며 발전하게 됐습니다. 나아가 일본은 1868년 메이지 유신을 단행하여 서구식 근대 국가로의 틀을 갖췄습니다.

"우리도 이제 힘을 과시할 때가 됐소이다."

일본은 서양인들로부터 배운 기술을 습득해 1870년대 들어 군사 강국으로 성장했습니다. 그러고는 조선으로 눈을 돌려 미국으로부터 강요당한 방법으로 개항을 강요했습니다. 미국이 군함으로 군사적 힘을 과시하듯, 일본도 군함으로 과시하려 한 것이지요.

"우리 일본은 약한 나라를 봐줄 필요가 없습니다."

하지만 미국과 일본 두 나라의 협박 방법에는 차이가 있었습니다.

미국은 군함으로 위세를 보이면서 대통령의 편지를 전달하여 개항을 권유했지만, 일본은 외교적 노력은 하지 않은 채 군함을 보내 아무 이유 없이 멋대로 강화도에 있는 조선 군사 기지를 공격했습니다.

"일본군은 가만히 있었는데 조선군이 먼저 공격했다."

그런데도 운양호 함장 이노우에는 일본으로 돌아가 제출한 보고서에서 이른바 '운양호 사건'을 3일이 아니라 단 하루 동안에 벌어진 일로 조작했습니다. 자신들의 잘못은 모두 숨겼습니다.

보고서의 주요 내용은 다음과 같았습니다.

"군함에 일본 국기를 달았는데도 조선군이 먼저 공격했기에 부득이 맞대응했다."

"보트에 병사를 태워 보낸 건 마실 물을 얻기 위해서였다."

모두 거짓이었습니다. 위 내용만 보면 하루든 사흘이든 간에 우연히 강화도를 공격한 것처럼 여겨지지만 실제는 그렇지 않았으니까요.

일본은 이미 4개월에 걸쳐 어떻게 해서든 조선에 겁을 줘 문을 열게 할 계획을 세웠고, 운양호 함장은 정부와 약속한 대로 행동한 다음 짜인 각본대로 보고서를 작성한 것입니다.

자신들이 차후에 벌일 군사적 침략을 정당화시키고자 이런 음모를 꾸민 것이니, 일본의 간교함은 그 누구도 당하기 힘들 것입니다.

"빨리 잘못을 사과하고, 조선 바다를 자유롭게 항해할 수 있도록 허용하고, 강화도 부근 항구를 여시오."

사건 뒤 일본은 군함을 여러 차례 파견해 계속 위협하면서 조선 정부에 이렇게 요구했습니다. 잘못한 사람이 큰소리치는 것과 마찬가지였지요.

그 무렵 군사적으로 대응할 힘이 없었던 조선은 별다른 항의도 하지 못하고 결국 1876년 2월 27일 '조일 수호 조규'를 마지못해 체결했습니다. 그렇지만 고종은 위기를 기회로 바꾸고자 이후에 나름대로 여러 노력을 기울였습니다.

"서양 문물을 먼저 받아들인 일본을 살펴서 우리 정책에 반영하는 게 좋겠습니다."

강화도 조약 이후 1880년 수신사로 일본을 다녀온 예조참판 김홍집이 개화 정책을 적극적으로 건의하면서 1881년 3월 일본에 파견될 신사 유람단이 조직됐습니다.

김옥균, 박영효, 서광범 등의 개화파는 신사 유람단에 적극 참여하여 세계정세와 문물제도를 살펴보고자 했습니다만, 그 명단에 끼지 못했습니다. 권력을 쥔 민씨 세력이 방해했기 때문입니다.

그래도 민씨 정권과 백성들이 일본을 경계하는 상황에서 일본에 관리들을 보내 시찰하겠다는 것 자체는 대단히 혁신적인 일이었습니다. 고종의 의지가 반영됐기에 가능했지요.

“5명을 1반으로 묶어 전체 12반 62명을 보내도록 하시오.”

그런데 조선 정부가 신사 유람단을 파견하는 일은 백성에게는 비밀이었습니다. 일본에 대한 적개심이 높았던 까닭입니다. 하여 이들은 모두 암행어사 신분으로 위장하여 백성의 사정을 살피는 형식으로 부산까지 도착한 뒤 배를 타고 일본으로 건너갔습니다.

“참으로 놀랍네. 기계 문명은 삶의 질을 높이는 지름길이 틀림없겠어.”

신사 유람단 일행은 모두 비슷한 충격을 받았습니다. 그들은 약 4개월 동안 일본에 머물면서 도쿄와 오사카, 그 주변 지방까지 나가서 주요 정부 시설과 세관, 화폐 제조 시설 등의 중요 부문과 의류 산업 시설에 이르기까지 골고루 시찰했습니다.

“옛날의 일본이 아니었습니다. 조선도 하루바삐 선진 문물을 받아들이는 게 좋겠습니다.”

신사 유람단으로부터 보고를 받은 고종은 강렬한 개화 의지를 가졌고 개화파 인사들을 적극 등용했습니다. 이들은 이후 개화를 위한 정책 추진에 나서면서 조선의 발전을 위해 애썼습니다.

한편, 신사 유람단에서 ‘신사’는 선비 지식층을 의미하고, ‘유람단’은 돌아다니는 무리라는 뜻입니다. 왜 이렇게 한가로운 듯한 명칭을 붙였을까요?

여기에는 국가 차원의 공식 출장을 약화하려는 의도가 담겨 있습니다. 그 무렵 조선에서 외래 문물 수용에 반대하는 목소리가 높았기에 이를 숨기고자 신사 유람단이라고 이름 지은 것입니다.

예전에는 관행대로 신사 유람단이라고 지칭했으나 지금은 한국사 용어 수정안에 따라 '조사 시찰단'으로 바꿔 부르고 있습니다. '조사'는 조선 인사, '시찰단'은 보고 살피는 무리라는 뜻입니다.

## 조일 수호 조규의 의의와 평가

일본 군함 6척과 일본군 800명이 일본 관리를 지키고 있는 가운데, 1876년 2월 27일 조선 전권대신 신헌과 일본 특명전권대신 구로다 기요타카는 강화도 연무당에서 만났습니다.

조선 대표는 근대적 외교 관계에 대해 잘 알지 못했지만, 구로다 기요타카는 홋카이도를 일본으로 복속시킨 경험이 있으며 외국과의 교섭에 능한 사람이었습니다.

신헌은 조선의 입장에서 최대한 노력했지만, 외교 경험이 많은 구로다의 논리를 이기기 힘들었습니다. 더구나 일본은 무력을 이용해 은근하게 협박하는지라, 결국 약간의 줄다리기 끝에 일본 측 뜻대로 모두 12개 조에 이르는 조약문 서명이 이뤄졌습니다.

강화도에서 치렀다 해서 '강화도 조약', 병자년인 1876년에 맺어졌다고 해서 '병자수호조약', 정식 명칭으로는 '조일 수호 조규'가 체결된 것입니다.

'수호'는 나라와 나라가 서로 사이좋게 지낸다는 뜻이니, '조일 수호 조규'는 조선과 일본이 사이좋게 지내고자 맺은 나라 사이의 약속인 셈입니다. 그렇다면 조약 중에서 몇 가지 내용을 살펴볼까요.

제1조. 조선국은 자주국이며 일본과 평등한 권리를 보유한다.

제2조. 일본 정부는 지금부터 15개월 뒤에 수시로 사신을 조선국 경성에 파견하여 예조 판서와 직접 만나 교제 사무를 상의하며, 해당 사신이 머무는 기간은 모두 그때의 사정에 맡긴다.

제4조. 조선은 부산 이외에 두 곳을 개항하고 일본인이 오고 가며 자유롭게 통상하도록 허락한다.

제5조. 경기, 충청, 전라, 경상, 함경 5도의 연해 중 통상에 편리한 항구 2곳을 택하여 1년 8개월 이내에 개항한다.

제7조. 일본의 항해자가 조선 해안을 자유로이 돌아다니면서 측량하는 것을 허가한다.

제10조. 일본인이 조선의 항구에서 조선인에게 죄를 지었더라도 모두 일본으로 보내어 일본 관리가 심판한다.

뭔가 이상하지요? 그렇습니다. 거의 모든 조항이 일본이 원하는 내용으로 채워져 있습니다. 1조의 경우도 '자주국'이라고 강조했지만, 실제는 청나라의 간섭을 차단하기 위한 조항이었습니다.

조약 성사 뒤 일본 관리들은 기분 좋은 표정을 지었지만, 조선 관리들은 그렇지 않았습니다. 조선에 불리한 조항들이 가득한 조약이었기 때문이지요.

“잘해 봅시다.”

“…….”

이날은 조선과 일본 두 나라의 근대사에서 매우 상징적인 날이었습니다.

조선 왕조는 강화도 조약 이후 제국주의 침략의 목표물로 전락하여 하나둘씩 가진 것을 빼앗기다가 끝내는 나라까지 빼앗겼으니까요.

반면에 일본은 이 조약을 계기로 세계 군사 강국의 하나로 떠오르면서 제국주의 전략으로 중국과 동남아시아까지 침략의 손길을 내밀었고, 패전국이 되는 1945년까지 승승장구했습니다.

"조선은 비로소 자주 국가가 됐구나."

"그게 아니야. 조선에 힘자랑하는 나라가 청국에서 일본으로 바뀐 것뿐이야."

처음으로 국제법의 형식과 절차를 따라 진행된 강화도 조약은 명목상으로 우리나라가 폐쇄적 체제의 봉건 국가에서 벗어나 세계에 본격적으로 얼굴을 내미는 계기가 됐습니다.

다시 말해 그전까지 조선은 청나라의 속국이었지만, 이 조약으로 청나라와 평등한 나라가 된 것입니다.

"일본인들이 활개 치고 다니게 생겼네."

그러나 실질적으로 이 조약은 조선에 대한 일본의 침략을 전혀 막을 수 없도록 하는 불평등 약정이었습니다. 조선이 3개 항구 개항을 함으로써 일본의 침략적인 무역이 가능해졌고, 조선 안에서 일본인의 치외 법권을 인정함으로써 그들의 탈법이나 범죄 행위를 막을 제도적 방법이 없어졌습니다.

"조선은 우리에게도 문을 여시오!"

그뿐만 아니라 조선은 이 조약 체결을 계기로 이후 미국, 영국, 독일, 러시아 등 다른 나라들의 무리한 요구를 받아들일 수밖에 없는 처지가 됐습니다. 조선이 일본에 약한 모습을 보이자, 다른 강대국들도 큰소리쳤고 조선은 별수 없이 여러 나라에 문호를 개방했습니다.

강화도 조약을 고종의 능동적인 대응 속에서 맺은 결과물로 바라보는 시각도 있습니다. 고종이 일본과의 수호 조약에 적극적으로 나온 이유가 거기에 있으니까요.

그러나 상황은 그렇게 돌아가지 않았습니다. 계획에 따라 실행한 개항은 나라를 발전시킬 수 있는 계기가 될 수 있으나, 아무 준비 없는 상태에서의 개항은 상대에게 그저 먹잇감이 될 가능성이 크고, 불행하게도 조선은 그런 상황을 맞이했습니다.

어찌 됐든 이 조약을 기점으로 일본이 조선 침탈의 문을 열었음은 분명합니다. 따라서 '조일 수호 조규'는 조선으로 드나드는 대문 열쇠를 일본에 넘겨준 역할을 했다고 봐야 합니다. 그런 점에서 조일 수호 조규는 조선에는 불행의 씨앗이라고 말할 수 있습니다.

1882년 조미 수호 통상 조약

# 한미 우호 동맹의 시작

"어차피 받아들여야 한다면 서둘러야 합니다."

"그것은 아니 되오. 더욱이 일본이라니 절대 아니 되오."

1880년대 조선 정국은 긴박하게 돌아가고 있었습니다. 외래 문물을 받아들여야 한다는 사람들과 그래서는 안 된다는 사람들이 치열하게 대결하는 상황이었거든요.

찬성자들은 개혁을 위해 필요하다는 입장이었고, 반대자들은 그 통로가 하필이면 일본이라는 사실을 특히 못마땅하게 여겼습니다.

"무슨 말인지 당최 알아들을 수가 없네."

교류하기 위해서는 통역이 필요했습니다. 언어가 다른 사람끼리 만나면 마땅히 통역사가 필요하고, 이때 누가 통역하느냐에 따라서 전달하고 싶은 내용을 적절히 조절할 수도 있기 때문입니다.

개화파 지도자 김옥균은 그 점을 알아채고 당시 일본에서 일본어를 공부하던 윤치호에게 이렇게 권유했습니다.

"일본어 대신 영어를 공부해 보오. 그게 더 좋을 것이오."

"그리하겠습니다."

윤치호는 김옥균의 권유를 받아들여 우리나라 사람으로는 최초로 영어를 공부했습니다.

그는 도쿄 제국 대학 영어 강사 간다와 철학 교수 부인 밀레트에게서 날마다 1시간씩 영어를 배웠습니다. 그러다 미국 공사의 눈에 띄어 그를 따라 미국으로 같이 건너갔습니다.

"세상에! 건물이 저렇게 높다니. 대단하네."

윤치호는 미국의 신문명을 보고 문명개화에 더 큰 열망을 가지게 됐습니다. 그는 1882년 5월 조미 수호 통상 조약이 체결될 때, 초대 주한 미국 공사 푸트의 통역관으로 귀국하여, 영어 통역관으로 활동했습니다.

당시에는 영어를 할 줄 아는 조선인이 극히 드물었던 까닭에 윤치호는 조선의 통리교섭통상사무아문(외교와 통상 사무를 맡아보던 관아) 주사로 임명된 동시에 푸트의 통역관을 겸했습니다.

그런데 왜 조선은 미국과 '조미 수호 통상 조약'을 맺었을까요? 하나씩 살펴보겠습니다.

조선과 외교 관계를 수립하려는 노력은 미국이 더 적극적이었습니다. 미국은 일본에 이어 조선도 군함으로 협박해서 개항을 시키려 했습니다.

하지만 미국은 조선의 개항을 이끌어내지 못했습니다. 당시 조선은 국법으로 외국과 거래하거나 기독교 포교를 금지하고 있었습니다. 오히려 1866년 제너럴셔먼호 사건과 1871년 신미양요라는 사건이 일어나면서 관계는 더욱 나빠졌습니다.

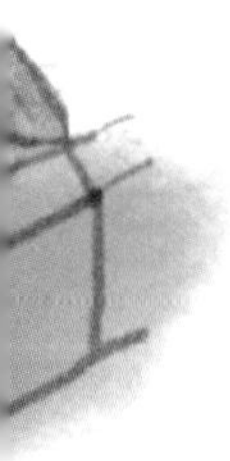

"제너럴셔먼호 사건이 뭐지?"

1866년 7월의 일입니다. 대포 2문을 장착한 미국 함선 제너럴셔먼호가 대동강에 나타나더니 위협하면서 통상을 강요했습니다. 조선 관리들은 그 요구를 거부하면서 즉각 물러나라고 말했습니다.

그들은 경고를 무시했습니다. 아예 폭우로 강물이 불어난 걸 이용해 평양 근처까지 올라와서는 한밤중에 상륙하여 약탈을 저질렀습니다.

"서양 오랑캐들이 물건을 마구 훔쳐갔습니다!"

"중국 해적들도 한 패거리였습니다."

다음 날 신고를 받은 조선 관리들이 그들에게 항의하고자 배에 접근했다가 외려 붙잡히는 신세가 됐습니다. 제너럴셔먼호의 만행은 여기서 그치지 않고 석방 조건으로 많은 쌀과 황금 그리고 인삼 등을 요구했습니다.

"서양 오랑캐들은 물러가라!"

"중국 해적들도 물러가라!"

소식을 들은 백성들이 분노하여 돌을 던지고 활을 쏘아댔습니다. 제너럴셔먼호는 뱃머리를 돌려 대동강 하류로 내려갔습니다. 이때 퇴역 군인 박춘권이 제너럴셔먼호에 기습적으로 진입했으나, 1명만 구출해 냈고 2명은 그들에 의해 살해당했습니다.

"저들을 그대로 두어서는 안 되겠구나."

평안감사 박규수는 작은 배에 연료를 싣고 불을 질러서 제너럴셔먼호로 접근하게 했습니다. 물이 빠지는 바람에 꼼짝 못 하던 제너럴셔먼호는 불타 버렸고 선원 24명 전원이 죽었습니다. 조선 측에도 사상자 13명이 발생했습니다.

"서양 오랑캐를 물리쳤다고? 장하도다."

흥선 대원군은 박규수를 비롯해 공을 세운 관리들을 크게 칭찬했습니다. 이로 인해 조선은 통상 수교 거부 정책을 단단히 강화했고, 반면에 미국은 대응 방법을 놓고 고민에 빠졌습니다.

“저들이 보복하려고 다시 찾아올지도 모릅니다.”

“그때도 강력하게 물리치면 되지요.”

조선의 예상대로 미국은 반격을 꾀했습니다. 다만 서둘지 않고 치밀하게 조사부터 했습니다. 1867년 1월에는 슈펠트가 1868년 4월에는 페비거가 조심스레 탐문하여 사태의 진상을 파악하려 했습니다.

“서양 오랑캐를 동반한 중국 해적선으로 오해를 받았고, 승조원들의 도발적 행동이 조선인을 분노하게 하여 참변을 당했다.”

그들은 두 차례에 걸친 조사를 통해 이런 사실을 확인했습니다. 또한 배에 탔던 통역사가 조선 관리에게 자신을 영국인이라고 소개했다는 사실도, 하여 조선 정부는 그 배가 미국 배였다는 사실을 뒤늦게 알았다는 것도 확인했습니다.

“군함으로 시위만 하면서 온건한 방법으로 개항시켜야 합니다.”

“전투를 벌여서라도 항복을 받아내야 합니다.”

미국 정부는 온건책과 강경책을 모두 검토한 끝에 군함으로 응징에 나선다는 강경책을 선택했습니다. 1871년 미국은 청나라에 있던 아시아 함대 사령관 로저스에게 조선으로 가라고 명령했습니다. 로저스는 군함 5척에 병력 1230명을 거느리고 그해 5월 인천 앞바다에 나타났습니다.

"한성으로 가기 위한 물길을 살피기 위해 강화 해협을 탐측하겠소."

로저스는 조선 관리에게 이렇게 일방적으로 통고하고는 실제로 측량에 나섰습니다. 그들이 손돌목에 이르렀을 때, 강화 포대에 있는 조선 병사들이 물러나라는 경고로 포격했습니다.

그들은 기다렸다는 듯이 대표를 내보내 조선 정부에 이렇게 요구했습니다.

"포격을 사죄하고 손해를 배상하시오."

조선 정부는 허락 없이 항해하는 것은 영토 침략 행위라며 그 요구를 거절했습니다. 그러자 미국 함대는 초지진과 광성진을 잇달아 공격하여 점령해 버렸습니다.

조선군이 격렬히 저항했으나 어재연을 비롯해 350여 명이 희생당했습니다. 조선군은 단 1명도 항복하지 않고 전원 싸우다 죽거나 바다에 뛰어들었습니다.

"이제 조선 정부가 개항하겠다고 말할 거야."

미국 함대는 한양까지 나가는 것은 무리라고 판단하여 이튿날 함선으로 철군하고는 조선 정부의 연락을 기다렸습니다.

그건 미국의 잘못된 판단이었습니다. 흥선 대원군은 종로 네거리를 비롯한 전국 곳곳에 200여 개에 이르는 척화비를 세우며 항전 의지를 다졌습니다.

'척화비'는 화친을 물리치는 비석이란 뜻으로, 서양인을 배척하자는 의미로 세운 것입니다. 척화비에는 다음과 같은 글이 새겨졌습니다.

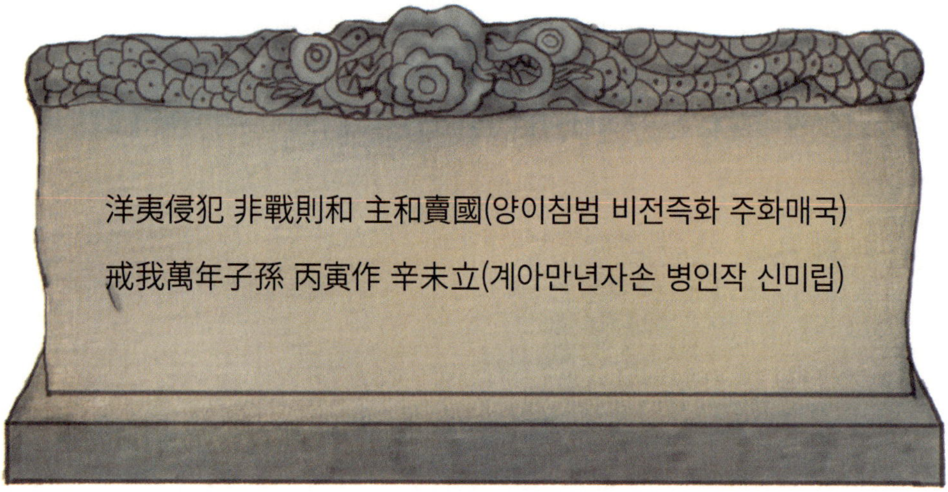


한문을 풀이하면 이렇습니다.

서양 오랑캐가 침입하는데 싸우지 않으면 화친하는 것이고, 화친을 주장하면 나라를 파는 것이다. 우리의 만대 자손에게 경고하노라. 병인년에 짓고 신미년에 세우다.

"참으로 독한 민족이로다."

조선 정부가 이렇게 나오자, 로저스 사령관은 더 이상의 군사 행동은 의미가 없다고 판단하여 함대를 이끌고 청나라로 돌아갔습니다. 탄약을 절반 이상 써 버렸고, 풍토병이 선원들에게 전염될 가능성이 크기도 했기 때문입니다.

"와, 와! 우리가 이겼다!"

조선은 지역 전투에서 졌지만, 전체 대결로는 결코 졌다고 생각하지 않았습니다. 왜 그럴까요?

이는 일본의 1854년 개항과 대비되는 상황이었습니다. 미국 군함에 겁먹고 개항할 당시 일본은 국왕의 직접 통치를 주장하는 존왕양이파(천황을 받들어 외국을 배척하는 무리)와 쇼군으로 상징되는 막부파가 대립하며 국론이 분열된 상태였습니다.

이에 비해 조선은 흥선 대원군이 강력한 통치력으로 항전을 이끌었고 백성들이 자발적으로 관군에 협조하여 그들이 물러나게끔 했습니다.

그 결과 조선은 통상 수교 거부 정책을 강화했고, 정부는 물론 백성들의 외국에 대한 경계심은 더 커졌습니다. 미국은 조선을 개항시켜 자국의 물품을 팔고 싶었으나, 별수 없이 조선의 동태만 살피게 됐습니다. 우리나라와 미국의 외교 관계는 이처럼 처음에는 사이가 좋지 않았습니다.

그 뒤 1876년 조선이 일본과 강화도 조약을 체결하자, 미국은 다시 조선과의 외교에 적극 나섰습니다. 이번에는 전략을 바꿔 강공책이 아니라 온건한 전략을 썼습니다. 먼저 일본을 통해 수교를 시도했습니다.

"일본과의 강화도 조약도 못마땅한데 또다시 수교할 이유가 있을까."

조선의 반응이 여의치 않자, 미국은 청나라를 통해 다시 접근했습니다. 청나라 총독 이홍장은 미국의 부탁을 받고 조선에 밀서를 보내 미국과의 외교 관계 수립 필요성을 힘주어 강조했습니다.

이홍장은 왜 미국 입장을 옹호했을까요? 그 무렵 청나라는 국력이 약해진 상태에서 중국 본토는 물론 조선에 대한 영향력을 유지하는 데 매우 힘들어했습니다.

러시아는 남진 정책을 펼치며 조선에 관심을 가졌고, 일본은 일본대로 북진 정책을 펼치며 조선에 대한 공세를 펼쳤기 때문입니다.

'그래. 미국과 손을 잡으면 조선에 대한 영향력을 계속 지킬 수 있겠어.'

이홍장은 이렇게 생각하여 미국과의 수교를 조선에 권한 것입니다.

이홍장은 한편으로 미국 대표 슈펠트에게 조선과의 외교 협정에 '중국의 속방(종속국)'이란 조항을 글로 밝힐 것을 주장했습니다. 슈펠트는 그 점에 대해 반대했습니다. 조선을 위해서가 아니라, 미국이 자유롭게 조선을 다루기 위한 목적이 있었기 때문입니다.

두 사람은 결국 별도의 조회문(벼슬아치가 임금에게 문안을 드리고 나랏일을 아뢰는 글)을 통해 속방을 언급하기로 합의했습니다. 조선의 의지와 관계없이 자기들끼리 이런 말들을 했으니, 조선으로서는 참으로 초라해지는 일이었습니다.

“미국과 외교 관계를 추진하시오.”

조선 정부는 청나라의 뜻도 그렇거니와 어차피 문호를 개방했는데 여러 나라와 수교하는 게 낫다고 판단해서 미국의 협상을 받아들였습니다.

한동안 흥선 대원군에게 통치를 맡겼던 고종이 전면에 나선 것과도 관계가 깊습니다.

“미국 세력으로 일본 세력을 견제해야겠구나.”

하지만 조선 정부는 공개적으로 이런 일을 알리지는 않았습니다. 여전히 외세에 대한 백성들의 반감이 높았거든요. 하여 중국에서 비밀리에 이홍장과 우리 대표 그리고 미국 대표가 만나서 여러 차례 회담하면서 협정에 들어갈 내용을 조정했습니다.

1882년 5월 22일 제물포에서 역사적인 조미 수호 통상 조약이 체결됐습니다. 한국과 미국의 동맹 관계가 비로소 시작된 것이지요. 이 조약은 줄여서 ‘조미 조약’ 또는 조선 대신 한국 명칭을 넣어 ‘한미 수호 통상 조약’이라고도 부릅니다.

## 조미 수호 통상 조약 의의와 평가

우리나라와 미국 사이에 체결된 전문 14조로 된 조미 조약의 주요한 내용을 살펴보면 다음과 같습니다.

제1조. 제삼국으로부터 부당하게 업신여김을 당하면 반드시 서로 돕는다.

제4조. 조선에 머무는 미국인이 조선인에게 해를 끼칠 경우, 미국 법률에 따라 미국 관리만이 처벌하고 체포할 수 있다.

제6조. 미국에 가는 조선인은 법률로 규정된 금지 품목 이외에는 모든 물품을 자유롭게 교역할 수 있다.

제11조. 양국 사이에 언어, 문자, 법률, 기술을 배우기 위해 왕래하는 사람에게는 모든 보호와 원조를 다해야 한다.

이상 대략 살펴본 바와 같이 조약문에 조선이 자주 국가임과 양국이 동맹 관계임을 명시했고, 무역과 교류를 강조했다는 특징이 있습니다.

일본이 미국이나 유럽 국가와 맺은 수호 조약보다는 불평등한 내용이 줄어들었지만, 미국인에 대한 치외 법권은 똑같이 강조됐습니다.

이 조약은 우리나라가 서구 열강과 맺은 최초의 협정입니다. 이 조약을 계기로 조선은 영국, 독일, 프랑스, 러시아 등 다른 나라들과도 차례로 수호 조약을 맺으며 국제 사회에서 주권국으로 인정받게 됐습니다. 다른 나라와의 국제 조약은 대부분 조미 수호 통상 조약의 내용을 참조해서 작성했습니다.

한편, 조선은 이 조약을 바탕으로 1883년 6월 미국에 보빙 사절단을 파견했습니다. '보빙'은 찾아가서 갚는다는 뜻이며, 미국이 공사를 파견해 온 일에 대한 답례 행위였습니다. 아울러 친선을 도모하면서 미국으로부터 개화에 필요한 기술과 자원을 지원받으려는 목적도 있었습니다.

이렇듯 조선과 미국의 외교는 말썽 많았던 출발과 달리 빠른 속도로 급격히 가까워지면서 순조롭게 진행되었습니다. 서로 필요해 손잡은 일이긴 하지만, 에디슨 회사가 경복궁에 전등을 설치한 데서 알 수 있듯 조선이 근대적 문명을 받아들이는데 미국의 역할이 대단히 컸음은 부인할 수 없는 사실입니다.

1905년 을사늑약

# 외교권 강탈당한 불법 강제 조약인 이유

"요즘 마음이 왜 이렇게 뒤숭숭하지?"

"하늘이 흐려서 그렇겠지."

1905년이 저물어가는 11월 대한 제국의 하늘은 우중충했습니다. 뭔가 불길한 기운이 느껴졌습니다.

그해 11월 9일, 이토 히로부미가 특파 대사라는 자격으로 일본 국왕 친서를 가지고 한국에 들어왔습니다. 이튿날 12시 고종을 알현한 이토는 간단히 인사한 뒤 정중하게 말했습니다.

"친서를 전해 드리고자 찾아뵈었습니다."

말은 공손했지만, 편지는 상당히 위협적이었습니다. '대사의 뜻에 따라 조처하라'라는 강압적 내용을 담고 있었으니까요.

고종은 알겠다는 의례적 말로 간단히 대답하고 외면하려 했습니다. 그러나 이토는 대한 제국을 위하는 듯이 말했습니다.

"동양 평화와 한국의 안전을 위하여 한일 두 나라는 친선과 협조를 강화해야 하며, 그러기 위해서 한국은 일본의 보호를 받아야 합니다. 이것이 또한 왕실의 안녕과 존엄을 유지하는 길입니다."

일본의 보호를 받지 않으면 한국을 무력으로 공격하겠다는 협박이었습니다. 이토는 통역관을 통해 이렇게 전하고는 짐짓 여유로운 척 물러나왔습니다.

'이 정도 말했으면 알아들었을 거야. 한국이 일본의 뜻을 따르지 않고 별수 있겠어.'

그 시각 고종은 깊은 고민에 빠졌습니다. 어려운 상황을 헤쳐 나갈 방법이 마땅찮았기 때문입니다. 고종은 나름대로 국력을 키우고자 애썼지만, 뜻대로 이루어지지 않았습니다.

여러 신하가 자기 앞에서만 충성하는 척할 뿐 뒤에서는 외국에 달라붙어 개인적 잇속만 챙기고 있었습니다. 어느새 고종 주변에 애국심 강하고 유능한 신하는 많지 않았습니다.

"이제 슬슬 다음 작업을 해 볼까."

능구렁이 같은 이토는 자신이 계획한 다음 단계의 일을 진행했습니다. 일주일 뒤인 17일 오후 3시, 일본의 강압 때문에 경운궁(지금의 덕수궁)에서 어전 회의가 열렸습니다.

일본군이 궁궐 주위를 완전히 포위하고 궁궐 안에도 총에 칼을 장착한 헌병들이 다수 침입하여 공포 분위기를 조성했습니다. 한국 관리들은 어전 회의 내내 팽팽한 긴장감 속에서 길고 긴 입씨름을 벌였습니다.

"자, 이 문서를 조인합시다."

"그렇게 할 순 없소. 이건 결코 받아들일 수 없는 내용이잖소."

정부의 여덟 대신은 찬성파와 반대파로 나뉘어, 이미 전날 일본의 강요 속에 살펴본 협약안을 받아들일 것인지 말 것인지 논의하면서 격렬하게 싸웠습니다.

문서 조항에 '일본이 조선의 안전을 도모해 준다'느니 '일본이 조선을 대신해서 다른 나라와 외교 관계를 수립한다'느니 하는 내용이 들어 있었기 때문입니다. 일본이 대한 제국의 외교권을 빼앗아가는 내용이 쟁점의 핵심이었습니다.

“절대로 아니 되오!”

처음에는 반대파 목소리가 높았습니다. 참정대신 한규설, 탁지부대신 민영기, 법부대신 이하영, 외부대신 박제순이 일본 요구를 거절하자고 말했습니다.

외교를 관장하는 박제순은 유서까지 써 놓았다는 말과 함께 완강하게 반대했습니다. 한규설이 박제순을 응원하며 반대 주장에 힘을 실었습니다. 외교 책임자인 외부대신이 버티면 어떤 조약이든 성립되지 않으므로 일본 요구는 받아들여지지 않게 됩니다.

"만약 그렇게 한다면 일본이 가만히 있겠습니까?"

이에 학부대신 이완용, 군부대신 이근택, 내부대신 이지용, 농상공부대신 권중현이 일본 요구를 거부하며 맞설 힘이 없다면서 찬성하자고 말했습니다.

무려 5시간에 걸쳐 논란이 벌어졌지만, 회의는 도무지 끝날 줄을 몰랐습니다. 한국 입장에서 결론을 내기 어려운 사항이었으니까요.

"이거 너무 시간을 끄네."

회의가 길어지자 이토와 주한 일본 공사 하야시 곤스케가 회의장에 들어와 빨리 결정하라고 강요했습니다.

"어서 결정해 주시지요."

모두 대답 없이 난감한 표정을 짓자, 이토는 한 명 한 명 개인적으로 의견을 묻는 압박 전술을 펼쳤습니다. 먼저 박제순부터 공략하고자 강압적으로 의견을 재차 물었습니다. 위협을 느낀 박제순은 소극적으로 말했습니다.

"외교 담판으로 본인에게 타협하라고 할 수는 없소. 그러나 만약 명령이 있다면 어쩔 수 없을 것이외다."

사안이 중대해서 본인이 결정할 수는 없다는 뜻이었고, 고종에게 책임을 떠넘기는 말이었습니다. 외교에 능숙한 이토는 '명령'이라는 단어를 꼬투리 삼아서 다그쳤습니다.

"명령이란 무슨 뜻이오? 폐하의 명령이 있다면 조인하겠다는 의미로 받아들여도 되겠소?"

박제순은 순간 당황해서 대답하지 못했습니다. 그러자 이토는 계속 몰아대어 박제순으로부터 '마음대로 하시오'라는 사실상 항복을 받아 냈습니다.

이토는 여세를 몰아 외부대신의 말을 찬성으로 간주하겠다면서 회의 분위기를 확 바꾸어 버렸습니다. 이토는 이완용을 바라보며 눈빛으로 신호를 보냈습니다. 둘은 이전에 여러 차례 만나 뭔가를 합의한 상태였습니다.

"조약을 거부하면 일본이 무력 침공할 터이니 어서 들어줍시다."

이완용이 이렇게 말하면서 찬성 분위기를 이끌었습니다. 외교 책임자가 맥없이 항복하자 법부대신 이하영은 침묵을 지켰습니다. 그 역시 사실상 저항을 포기한 것이었습니다.

"자, 이제 마무리합시다. 마지막으로 묻겠습니다. 찬성하는 분은 누구입니까?"

결국 이완용을 비롯하여 이근택, 이지용, 박제순, 권중현 다섯 대신 이른바 을사오적은 고종에게 책임을 미루면서 찬성을 표시했습니다. 한규설과 민영기는 끝까지 반대했지만, 대세를 뒤집지 못했습니다.

이토는 대신 8명 중 5명이 찬성했으므로 조약이 가결됐다고 선포했습니다. 외부대신 박제순과 일본공사 하야시는 이윽고 문서에 서명했으나, 발표는 다음 날인 11월 18일에 했습니다.

이 불공정한 협정을 당시에는 '을사조약'이라고 불렀습니다. 다섯 가지 조항을 다루었다고 해서 '을사오조약', 또는 1904년 체결한 '한일 외국인 고문 용빙에 관한 협정서'에 이어 '제2차 한일 협약'이라고도 합니다만, 우리는 '을사늑약'이라고 말해야 합니다. '늑약'이란 '억지로 맺은 약속'이란 뜻입니다.

을사늑약 체결이 발표되자 백성들은 크게 반발했습니다. 상인들은 상점 문을 닫았고, 학생들은 스스로 휴학하며 거리에 나섰고, 유학자들은 땅을 치며 통곡했습니다. 일본도 일본이려니와 나라를 팔아먹은 매국 대신들에 대한 사람들 분노가 대단했습니다.

"희대의 매국노인 을사오적을 처단합시다!"

여러 사람이 을사오적을 암살하려고 했습니다. 매국노들은 집으로 피하거나 일본군의 보호를 받으며 한동안 숨어 지냈습니다.

重明殿

반대
반대
을사오적
반대
반대
반대

<황성신문>의 주필 장지연은 ‘시일야방성대곡’이라는 논설을 발표해서 울분을 나타냈습니다. 제목은 ‘오늘에 목 놓아 크게 우노라’라는 뜻이고, ‘2천만 동포가 졸지에 노예 신세가 되어 분통하다’라는 게 주된 내용이었습니다. 파문이 커지자 일제는 황성신문사를 즉각 폐쇄했습니다.

1904년 창간된 <대한매일신보>도 일제의 만행을 규탄했습니다. <대한매일신보>는 발행인 베델이 영국인이어서 일제의 검열을 받지 않았습니다. 배설(裴說)이라는 한국 이름으로 유명했던 베델은 죽는 날까지 한국을 위해 물심양면으로 노력했습니다.

"불공정한 조약을 당장 파기해야 합니다."

시종무관장 민영환은 상소문을 올리고 유서를 남겨 백성에게 경고하면서 집에서 스스로 목숨을 끊었습니다. 민영환의 몸에서 흘러나온 피가 고인 자리에서 대나무가 솟아나는 보기 드문 일이 일어났습니다. 사람들은 그 대나무를 '혈죽(血竹)'이라고 부르며 민영환의 순절을 애도했습니다.

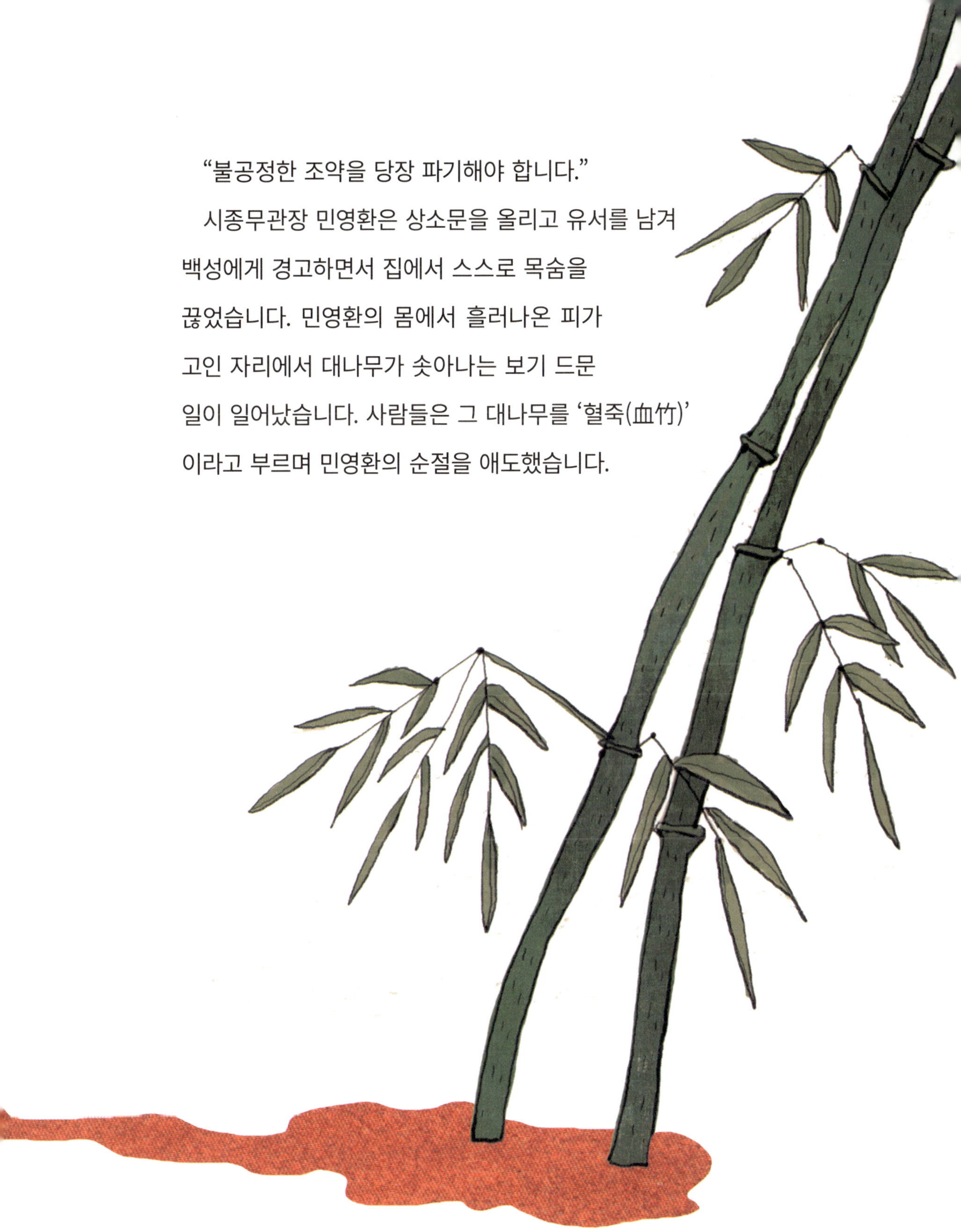

전국은 그야말로 을씨년스러운 풍경을 연출했습니다. 이 때문에 '을씨년스럽다'라는 말이 을사늑약에서 비롯됐다는 오해가 생겼습니다.

흔히 날씨가 스산하고 쓸쓸하거나, 살림이 매우 가난할 때 '을씨년스럽다'라는 말을 쓰는데, '을씨년'은 '을사년(乙巳年)'이 변한 말로써 을사년이 우리 민중에게 가장 치욕스러운 해로 기억됨에 따라 그런 뜻이 생겼다는 민간 어원설이 널리 퍼진 것입니다.

그러나 '을씨년스럽다'는 말은 그 이전에 이미 사용되고 있었습니다. 조선 후기 학자 조재삼은《송남잡지》에서 다음과 같이 말한 바 있습니다.

"세상에서 을사년은 흉하다고 두려워하는 까닭에 지금 생전 낙이 없는 것을 '을씨년스럽다'고 한다."

조재삼은《송남잡지》를 1855년(을묘년)에 썼으므로 1905년(을사년)보다 50년 전에 이미 '을씨년스럽다'란 말이 사용됐음을 알 수 있습니다. 그렇지만 외교권을 빼앗기고 실질적으로 일본 식민지로 전락한 을사년의 충격이 워낙 컸기에 '을씨년스럽다'의 어원이 널리 잘못 알려지게 됐습니다.

## 을사늑약의 의의와 평가

을사늑약은 다섯 가지 조항을 담고 있습니다. 그 내용을 살펴보면 다음과 같습니다.

제1조. 일본 정부는 한국의 외국에 대한 관계와 사무를 앞으로 도쿄에 있는 외무성을 통해 감리 및 지휘하고, 일본의 외교 대표자와 영사는 외국에 대하여 한국의 신민과 이익을 보호한다.

제2조. 일본 정부는 한국과 타국 간에 현존하는 조약의 실행을 완수할 책임을 지며, 한국 정부는 지금부터 일본 정부의 중개 없이는 어떠한 국제적 성질을 가지는 조약이나 약속을 하지 않는다.

제3조. 일본 정부는 그 대표자로 한국 황제 폐하의 궐하에 한 명의 통감을 두며, 통감은 모든 외교에 관한 사항을 관리하기 위해 한성에 머물며 직접 한국 황제 폐하를 찾아뵐 권리가 있다.

또한 일본 정부는 한국의 각 개항장과 기타 일본 정부가 필요하다고 인정하는 지역에 이사관을 둘 수 있으며, 이사관은 통감의 지휘 아래 종래 주한국 일본 영사의 업무에 속하던 모든 업무를 맡고, 본 협약을 완전히 실행하는 데 필요한 모든 사무를 관리한다.

제4조. 일본과 한국 간에 현존하는 조약과 약속은 본 협약에 저촉되지 않는 한 그 효력이 계속되는 것으로 한다.

제5조. 일본 정부는 한국 황실의 안녕과 존엄을 유지하고 보호한다.

이상의 것을 증거 하기 위하여 아래와 같이 본국 정부의 위임을 받아 본 협약에 기명날인한다.

참으로 한국에 처절한 내용을 담은 조약입니다. 식민지임을 공식적으로 확인한 문서이니까요.

그런데 우리나라 외교권을 빼앗는 5개 조문을 담은 이른바 '제2차 한일 협약'은 국제법상으로 적법하지 않은 엉터리 조약이었습니다. 무엇이 문제인지 하나하나 따져볼까요.

첫째, 한글과 일본어로 된 조약문 첫머리에 조약 명칭이 없습니다. 이는 국제 조약에 필요한 최소한의 형식적 조건을 갖추지 못한 사항입니다.

둘째, 국제 조약을 체결할 때는 두 나라가 자국어로 조약문을 작성해야 하는데, 이 문서는 그렇게 하지 않았습니다. 일본인이 한일 양국의 조약문을 모두 작성 날조한 것입니다.

셋째, 국제 조약의 최고 책임자인 고종의 서명이 없다는 점입니다. 고종은 몸이 아프다는 핑계를 대고 어전 회의에 참석하지 않았고, 문서에 수결(손으로 쓴 서명)도 하지 않았습니다.

넷째, 고종은 외부대신 박제순에게 위임장을 주지 않았습니다. 국새도 넘겨주지 않았습니다. 조약문에 찍혀 있는 인장은 박제순의 인장이므로 국세 조약상 대표성이 없습니다.

요컨대 국가 간의 합의가 아니라 기본 조건조차 지키지 않은 채 일본의 강제에 따라 억지로 맺어진 협정이므로 이 조약은 분명히 무효입니다.

그런데도 대한 제국의 입장을 들어주고 살펴봐 주는 나라가 없었습니다. 저마다 자국의 이익만 추구하는 상황이었고, 일본이 서양 강국들과 적당히 타협하면서 대한 제국에 대한 독점권을 은근히 행사했기 때문입니다.

일본은 재빨리 통감부를 신설하면서 조선에 대한 통치권을 강화했고, 이토 히로부미가 초대 통감으로 부임했습니다. 이로써 대한 제국은 사실상 몰락했습니다.

고종은 조약 무효를 세계에 알리고자 노력했지만, 성공하지 못했습니다. 한 예를 들면 고종은 헤이그에서 개최된 만국 평화 회의에 밀사를 파견했으나, 일본의 집요한 방해로 밀사는 회의장에 들어서지도 못했습니다.

일본은 이후 청나라와 간도 협약을 맺을 때 이 불법 조약문을 적극 활용했습니다. 일본은 대한 제국이 실질적으로 지배하던 간도를 청나라로 넘겨주면서 그 대가로 만주의 철도 부설권과 광산 채굴권 등을 받아냈습니다. 남의 재산으로 이웃에게 인심을 쓰며 다른 걸 얻어낸 꼴이었습니다.

한편 을사늑약은 1965년 한일 국교를 정상화하는 한일 기본 조약에서 비로소 무효임을 확인받았습니다. 늦어도 한참 늦은 일이었지요.

Courrier de la Conférence
DE LA PAIX
Rédigé par WILLIAM T. STEAD
Courrier de la Conférence
DE LA PAIX
Courrier de la Conférence
DE LA PAIX
CBC

1910년 한일 병탄 조약

# 대한 제국 몰락에 얽힌 막장 드라마

"외교권이 일본에 있거늘 어찌 허락도 없이 그런 일을 하셨습니까?"

"……."

1907년 7월 일본은 헤이그 밀사 사건의 책임을 물어 고종에게 양위를 강요했고, 이에 따라 순종이 대한 제국 제2대 황제가 됐습니다.

순종이 즉위하자마자 일제는 이른바 '한일 신협약'을 추진했습니다. 7월 24일 체결되어 '정미칠조약'이라고도 불리는 조약 내용은 다음과 같습니다.

제1조. 한국 정부는 시정 개선에 관하여 통감의 지도를 받는다.

제2조. 한국 정부의 법령 제정과 중요한 행정상의 처분은 미리 통감의 승인을 거친다.

제3조. 한국의 사법 사무는 보통 행정 사무와 이를 구분한다.

제4조. 한국 고등 관리의 임명과 해임은 통감의 동의를 구하여 행한다.

제5조. 한국 정부는 통감이 추천하는 일본인을 한국 관리에 고용한다.

제6조. 한국 정부는 통감의 동의 없이 외국인을 한국 관리에 임명하지 않는다.

제7조. 1904년 8월 22일 조인한 한일 외국인 고문 용빙에 관한 협정서 제1항을 폐지한다.

"모두 자기들 마음대로 하겠다는 거네."

위 조항을 살펴보면, 한국의 모든 나랏일을 일본인 통감이 모두 직접 처리하겠다는 내용임을 알 수 있습니다. 을사늑약을 통해 외교권을 뺏어가더니 법률과 재판을 담당하는 사법권과 고위 관리에 대한 인사권마저 가져간 것입니다.

"우리 일본이 지켜 줄 테니, 한국 군인을 모두 없애 버립시다."

시행 규칙에는 한국 군대 해산과 경찰권 위임도 담아서 대한 제국의 힘을 완전히 빼앗아 버렸습니다.

며칠 뒤 얼마 되지 않는 한국 군대마저 재정 부족이라는 이유로 강제 해산되자, 대한 제국은 그야말로 이름만 남은 상태가 되어 버렸습니다.

"나라가 망하면 어때. 나만 잘살면 되지."

이런 분위기에서 매국노들이 여기저기 설쳤는데, 특히 이완용과 송병준이 경쟁적으로 일제에 충성하며 개인적 출셋길을 달렸습니다. 조선통감부의 이토 히로부미는 이들을 이용해 빠른 속도로 대한 제국을 멸망으로 유도했습니다.

해산
해산

"황제 폐하, 순행하시는 게 어떻겠습니까?"

1909년 1월 이토 히로부미는 순종에게 지방 순행에 나서달라고 권했습니다. '순행'은 국왕이 나라 안을 돌아다니며 살피는 일을 이르는 말입니다.

마치 순종을 위한 일인 것처럼 권유했지만, 실제는 순종을 이용해 조선통감부에 대한 백성의 반발을 달래면서 통감 정치의 공적을 알리려는 의도가 숨어 있었습니다.

순종은 거부할 처지가 못 되기도 했지만, 한편으로 백성들의 마음을 어루만져 주고 싶어서 응했습니다.

"저희가 모시고 다니겠습니다."

이토 히로부미는 물론 내부대신 송병준도 순종을 수행했습니다. 말은 그렇게 했으나 황제를 정중히 받들어 모시는 수행이 아니라 곁에서 감시하기 위함이었지요.

그런데 순종이 2월 초 평양을 돌아볼 때 송병준이 말썽을 일으켰습니다.

황제 일행이 평양에 도착할 즈음, 송병준은 거나하게 술에 취해 매우 기뻐하고 즐거워했습니다. 통감부에 대한 충성 대가로 장관 자리에까지 오른 일도, 황제와 같은 열차를 타고 지방을 도는 일도 기분 좋았기 때문입니다.

송병준은 문득 여관(황제를 시중하던 궁녀)들을 보고 싶어 했습니다.

“어디 한번 구경이나 해 볼까.”

송병준은 여관들이 있는 열차 칸으로 들어섰습니다. 그때 시종무관 어담이 황제의 여자에게 감히 접근할 수 없다는 경고의 말과 함께 송병준의 길을 막았습니다.

느닷없는 제지에 화가 난 송병준은 차고 있던 칼을 뽑으며 어담에게 어서 비키라며 호통쳤습니다. 어담도 지지 않고 칼을 뽑았습니다.

"어허, 이러시면 아니 됩니다."

주변 사람들이 황급히 말려서 사태는 거기서 끝나는 듯했습니다. 하지만 궁궐로 돌아온 뒤 어담은 황제에게 상세히 보고했고, 이 일은 언론을 통해 세상에 알려졌습니다. 백성들은 도를 넘어선 송병준의 행동에 분노했습니다.

여론이 급격히 나빠지자, 송병준은 내부대신 자리에서 물러나고는 그해 2월 9일 귀국하는 이토 히로부미를 따라 일본으로 피신했습니다.

이토 히로부미는 송병준을 표면상 질책하기는 했지만 내치지 않고 보호해 주었습니다. 일제를 위해 돌격대장처럼 행동하는 송병준을 계속 활용할 속셈이 있었던 까닭입니다.

송병준은 불미스러운 일로 내각에서 물러났지만, 전혀 부끄러워하지 않고 매국 행위에 열을 올렸습니다. 그는 일본 총리대신 가쓰라 다로에게 이른바 '한국과 일본의 합방론'을 강력히 주장했습니다.

"일본 제국이 대한 제국을 통합하여 보호해 줘야 할 때입니다."

가쓰라는 오랫동안 바라던 일이었지만 아직 여건이 갖춰지지 않은 시기로 생각해서 송병준 속마음을 떠보았습니다. 송병준이 대가 없이 그런 소리를 할 리 없다고 생각했기 때문입니다.

“만일 한국을 병합한다고 하면 어느 정도 자금이 필요하오?”

이에 송병준은 서슴없이 대답했습니다.

“1억 엔만 내주면 책임지고 실행하겠습니다.”

“1억 엔은 너무 많소. 또한 그 많은 돈을 마련하기란 쉬운 일이 아니오.”

“국토 1만 2천 리와 거기에 따른 부원(경제적 부를 생산할 수 있는 근원이나 천연자원)과 2천만 인구가 병합되는데 1억 엔이 어찌 많다고 할 수 있습니까.”

이처럼 송병준이 조국을 팔아먹겠다고 일본 정계 실력자들을 찾아다닐 때, 그해 10월 26일 이토 히로부미가 안중근 의사에게 저격당했다는 소식이 일본에 전해졌습니다.

일본에서 영웅으로 여겨지는 이토 피살 소식은 일본 열도를 들끓게 했습니다. 과격한 주장들이 쏟아졌습니다.

“한국을 당장 병합해서 일본의 현으로 만들자!”

“한국 황제에게 일본에 사죄하러 오게 하라!”

이토의 시체가 도착했을 때는 일본 지방 신문들이 한국인을 3일 동안 살해해야 한다고 선동했습니다. 전쟁 불사, 무력 침공을 외치는 목소리가 그 어느 때보다 높았습니다. 대한 제국의 군사력이 매우 허약함을 잘 알기에 그렇게 해도 쉽게 정복하리라 생각하는 일본인이 많았습니다.

"무력으로 정복하면 반발이 클 것이고, 우리 일본도 피해가 작지 않을 것이오."

여론과 달리 일본 정계 고위층은 냉정함을 유지한 채 한국인의 반발을 최소화하면서 병합으로 직행할 실무 방안을 꼼꼼하게 검토했습니다.

그들은 병합을 시도했을 때 한국 민심이 어떤 반응을 보일지가 가장 궁금했습니다. 하여 예상 반응을 미리 살펴보려고 음모를 꾸몄습니다.

일본은 대표적 매국노인 이용구와 송병준을 불러 은밀한 지시를 내렸습니다.

"합방 청원 여론을 조성하시오!"

마치 한국인에 의해 자발적인 한일 병합 움직임이 일어난 듯이 조작하려 한 것입니다.

일제의 지령을 받은 이용구는 12월 3일 밤 일진회원 200명을 긴급 소집하여 비밀회의를 열었고, 이튿날인 12월 4일 합방 성명을 발표했습니다. 이와 동시에 순종에게 '일본과 합방해야 한다'라는 내용의 상소문을 올렸습니다.

순종은 12월 7일 일진회의 상소문을 단번에 물리쳤습니다. 이번에는 일본 정치인들이 일진회의 대일 병합 청원을 받아들이라고 황제를 압박했습니다. 그러자 순종은 통곡하며 크게 소리쳤습니다.

"그런 조치에 서명하느니 스스로 생을 마감하는 것이 낫노라!"

순종은 아버지 고종에 대한 효심이 깊고, 애국심이 강한 군주였습니다. 그러나 그의 곁에는 손발이 되어 일해 줄 신하들이 드물었습니다. 순진한 백성들만이 멀리서 그저 안타깝게 순종을 생각할 뿐이었습니다. 백성들은 매국노 단체인 일진회 행태에 분노하며 술렁댔습니다.

"글쎄, 왜놈에게 나라를 넘기자고 한다네."

"이런 쳐 죽일 놈들!"

이완용도 분노했지만, 그 이유는 민심과 전혀 달랐습니다. 당시 이완용은 송병준과 이용구와 정적 관계에 있었는데 엄밀히 말해 정치적 맞적수가 아니라 일제에 대한 충성 경쟁자 관계였습니다.

"일진회 놈들이 선수 쳤네! 그렇다면 나도 가만히 있을 수 없지."

이완용은 즉각 합방 반대 상소문을 올리면서 심복이자 핵심 참모인 이인직을 불렀습니다.

이인직은 일본에 3년 유학을 다녀온 뒤 1906년 우리나라 최초의 신소설 《혈의 누》를 썼고, 작품 속에서 일본 군인을 미화하는 등 은근히 일제를 찬양하는 친일 언론인이었습니다. 이인직은 일본어를 하지 못하는 이완용 곁에서 일본 정치가와의 통역을 겸하고 있었습니다.

이완용이 이인직에게 말했습니다.

"국시유세단을 움직여 일진회 반대 집회를 준비하시오."

국시유세단은 1909년 7월 결성되고, 사실상 이완용이 조종하는 정치 선전 단체였습니다. 다시 말해 이완용이 돈만 주면 무엇이든 시키는 대로 움직이는 영혼 없는 매국노 무리였습니다. 국시유세단은 즉각 국민대연설회를 열었고 합방 반대를 외치며 기세를 올렸습니다.

“일진회의 합방론을 규탄한다! 일진회는 대한 국민이 아니다!”

국시유세단은 대한 제국의 독립을 위해서가 아니라 이완용의 정적들을 견제하고자 이런 소리를 냈습니다. 매국노들이 애국을 외치는 황당한 일이었지만 이 땅에서 벌어진 현실이었습니다.

“조상님들을 어찌 뵈려고 우리 주권을 포기한단 말인가! 그건 절대 안 된다!”

정말로 대한 제국의 앞날을 걱정하는 유림이나 애국 단체들도 ‘병합은 한국인을 노예로 만들 것’이라고 경고하며 반대했습니다. 반대 여론이 거세지자, 뒤늦게 일진회의 매국 행위를 깨닫고 분노한 몇몇 일진회원들은 탈퇴했습니다. 그러나 상당수 일진회원은 재물욕에 이끌려 출세의 길을 택했습니다.

"도저히 참을 수 없다."

애국 청년들은 국내에 있는 대표적 매국노 이용구와 이완용을 암살하고자 나섰습니다. 1909년 12월 22일 오전 11시쯤 명동 성당에서 학생복 차림의 이재명이 추위를 참으며 초조하게 출입문을 지켜보았습니다.

"이놈이 나올 때가 됐는데."

이재명이 기다리는 사람은 총리대신 이완용이었습니다. 이재명은 그날 이완용이 벨기에 황제 추도식에 참례하고 나온다는 정보를 입수했습니다. 예상대로 이완용은 성당에서 나와 인력거에 타려고 했습니다. 그 순간 이재명은 짧은 칼을 빼 든 채 이완용에게 달려들었습니다.

“이 더러운 매국노!”

그 모습을 보고 인력거꾼이 이재명을 가로막았습니다. 마음 바쁜 이재명은 인력거꾼을 죽인 다음 이완용을 올라타고 칼을 휘둘렀습니다.

그러나 이완용은 두꺼운 외투를 입었고, 이재명은 너무 흥분하여 급소를 찌르지 못했습니다. 이완용은 중상을 입었지만, 목숨은 건졌습니다.

“매국노 이완용이 죽다 살아났다는구먼.”

“나쁜 놈이 목숨도 질기네그려.”

이 밖에도 매국노를 처단하려거나 합방을 반대하는 성토는 1910년 봄까지 계속됐습니다. 그렇지만 이런 움직임은 대대적인 항일 무장 투쟁으로 발전하지 못했습니다.

일본이 전면에 나서지 않고, 한국인 조직인 일진회를 내세운 탓에 한국인끼리 합방 찬성과 반대로 여론이 분열됐기 때문입니다.

“합방하는 게 좋은 일이다!”

“그것은 망국의 길이므로 반대한다!”

같은 이유로 합방 반대 운동은 크고 넓은 민중 운동으로 성장하지 못한 채, 일부 유학자와 양반, 기독교도의 성토 운동에서 멈추었습니다. 일제의 민족 이간책에 한국인이 시험당했고, 여기에서 항일 저항력은 일제의 예상보다 약하게 나타났던 것입니다.

"이제 진행하면 되겠군!"

일제는 그 점을 확인하고 쾌재를 부르며 합방에 대한 속도를 냈습니다. 때마침 이완용과 송병준의 매국 경쟁은 일본 정치계를 흐뭇하게 만들었으며, 특히 이완용의 반응은 일제의 병합 음모를 더욱 자극했습니다.

"이완용은 우리 일본에 잘 보이고 싶어 몸이 달아 있소이다."

"지금 미끼를 던져 주면 아마도 덥석 물 것이오."

일제는 이완용이 속으로 합병을 적극 원하고 있음을 간파하고 있었습니다. 이완용의 합방 반대 움직임이 일제에 보내는 아부 신호임을 눈치챘던 것입니다. 아이가 자기를 알아달라고 울거나 애교 부리는 것과 비슷한 맥락의 일이었으니까요.

그래서 일제는 이완용의 행동을 유심히 지켜보면서 막지 않았습니다. 오히려 통감부는 이완용 내각을 와해시키고 그와 대립 관계에 있는 송병준에게 내각을 구성하려 한다고 소문냈습니다. 이완용을 더 애태우면서 동시에 이완용과 송병준의 충성 경쟁을 부추기려는 간교한 술수였습니다.

"나 이완용 말고는 그 누구도 합방의 최대 공로자가 되게 할 수는 없지."

이완용은 애초부터 합방을 원하고 있었습니다. 단지 자기보다 일진회가 먼저 공을 세우려 하자 화가 나서 잠시 합방을 반대하는 듯 연기했을 뿐입니다. 이완용은 일제에 자기 힘을 어느 정도 보여 줬다고 생각하고는 작전을 바꿨습니다.

"나한테 오면 좋은 자리를 주리다."

이완용은 송병준 밑에서 빛을 보지 못하는 일진회 간부들을 돈으로 매수하거나 관직으로 유혹했습니다. 표면상으로는 합방에 반대하는 척하면서 실제로는 일진회의 힘을 빼려고 노력한 것이지요.

"뭐라고? 이완용이 내 사람들을 빼가고 있다고?"

상황이 이러하자 일진회장 이용구도 이완용의 견제를 보고만 있지 않았습니다. 그는 각 도의 지회장에게 다음과 같이 말하라고 지시했습니다.

"한일 합방을 이루면 한성 회원은 대신·차관·국장·관찰사 등 고위 관리가 되고 지회원은 군수나 주사가 된다."

이완용이나 이용구는 병합되면 자기가 모든 권력을 휘두르고 나눠 줄 수 있는 것처럼 말하면서 세력을 키웠습니다. 이처럼 일진회와 이완용은 일본인이 연출하는 연극의 주연과 조연을 도맡아 함으로써 한국과 일본 병합 성취에 결정적 역할을 했습니다.

1910년 8월 16일, 일제는 비밀리에 총리대신 이완용에게 합방 조약안을 제시하고 그 수락을 독촉했습니다.

이완용은 병합에 따른 막대한 대가를 보장받고는 흐뭇했습니다. 일약 백만장자가 되고 일본이 내려 주는 귀족 작위도 받게 된다는 사실에 싱글벙글했습니다.

"이로써 일본과 대한 제국은 하나가 됐소이다."

8월 22일 이완용과 데라우치 마사타케 통감 사이에 합방조약이 조인됐습니다. 엄청난 일이건만 그날 세상은 아무 일 없는 듯이 조용했습니다. 다음 날 신문에도 그와 관련된 기사가 실리지 않았습니다. 어찌 된 일일까요?

여기에는 데라우치의 교활한 술수가 숨어 있었습니다. 데라우치는 합방조약을 조인하는 과정에서 철저한 보안 조치를 취하고자 그날 아침 부하에게 이렇게 지시했습니다.

"신문 기자들을 모아 연회를 베풀라."

부하는 시키는 대로 했고, 신문 기자들은 웬일이냐 싶어 하면서도 연회에 참석하여 맛난 음식을 즐겼습니다. 그날따라 상다리가 휘어질 만큼 맛있는 음식이 가득 차려졌거든요. 그 때문에 조인식을 취재한 기자는 단 한 명도 없었습니다. 기자들의 발을 묶어 놓으려는 데라우치의 모략이 적중했던 것입니다.

“당분간 절대로 누구에게도 말하지 마시오! 기사로 써도 안 되오.”

데라우치는 조인 뒤에도 한국에서 그 사실을 극비에 부쳤으며, 일본인 신문 기자에게는 29일까지 비밀로 하라는 조건부로 26일에야 내용을 설명해 주었습니다.

그리고 마침내 1910년 8월 29일, 일제는 병합에 반대하는 대한 제국 원로대신들을 가둬둔 채 순종에게 양국(나라를 양도함) 조칙을 내리게 했습니다.

8개 조로 된 이 조약은 제1조에서 ‘한국 전부에 관한 모든 통치권을 완전히 또 영구히’ 일제에 넘겨줄 것을 규정하고 있습니다. 치욕스러운 경술국치(경술년에 일어난 나라의 수치)가 벌어진 것입니다.

한국은 조선 왕조가 건국된 지 27대 519년 만에, 그리고 대한 제국이 성립된 지 18년 만에 허무하게 망했습니다.

"후속 조치를 시급히 시행하라!"

일제는 즉각 통감부를 폐지하고 총독부를 세워 한국 통치의 총본산으로 삼았고, 데라우치를 초대 총독에 임명했습니다. 데라우치는 일진회를 그냥 놔두지 않고 9월 26일 강제 해산시켰습니다. 일진회는 이완용과 더불어 병합의 주역을 맡았지만 그렇게 이용만 당한 채 사라졌습니다.

"오호, 참으로 슬프구나!"

이후 한국인은 식민지인으로 부당한 대우를 받으며 오랜 세월 노예처럼 살았습니다.

어떤 사람들은 자기 목숨을 건 채 자기 재산을 써가며 독립운동을 했고, 어떤 사람들은 순순히 복종하며 살았고, 어떤 사람들은 일제에 적극 협력하며 살았습니다.

그래도 포기하지 않고 꾸준히 항일 운동을 펼친 끝에 1945년에야 광복을 맞이했습니다. '광복'은 빼앗긴 땅과 주권을 도로 찾음을 뜻하는 말입니다.

## 한일 병탄 조약 의의와 평가

대한 제국이 국권과 국토를 송두리째 빼앗긴 일을 가리켜 '한일 합방', '한일 병합', '일제 병탄', '국권 피탈', '일제 강점'이라고 말합니다. 왜 이렇게 용어가 많을까요?

일본은 1910년 당시에 '한일 합방 조약'이라고 불렀습니다. '합방'은 둘 이상의 나라가 하나로 합쳐진다는 뜻으로 대한 제국도 동의한 일이라고 해석될 수 있는 용어이기에 그렇게 말했습니다.

'병합'은 외국 영토를 자국에 편입한다는 의미로 흡수를 강조하는 단어입니다. 요컨대 합방이나 병합은 일제가 대한 제국 강탈을 제멋대로 미화시킨 표현입니다.

이에 비해 '병탄'은 다른 나라 영토를 한데 아울러서 제 것으로 만듦이라는 뜻이며, '피탈'은 억지로 빼앗겼다는 뜻입니다. 그러므로 한국인이라면 '일제 병탄'이나 '국권 피탈' 또는 '경술국치'로 표현해야 합니다. 이 조약의 경우에는 '한일 병탄 조약'이 적절합니다.

그런데 일제의 주도로 맺어진 이른바 합방 조약은 국제법상 무효입니다. 합방 조약의 대한 제국 측 서명이 국새가 아닌 어새(일반 행정 결재용)로 이뤄졌기 때문입니다. 또한 국제 조약에 반드시 있어야 할 황제 이름 이척(李拓)이 빠져 황제 동의 없이 강압 때문에 이뤄졌으므로 무효입니다.

일제는 나중에 통감부 직원 마에마 교사쿠로 하여금 순종의 이름인 척(坧) 자를 쓰게 하여 마치 순종이 인정하여 서명한 것처럼 외교 문서를 거짓으로 꾸몄습니다.

또 하나 알아두어야 할 사항이 있으니 '일제 시대 36년'이라는 표현입니다. 이는 잘못된 계산입니다. 일제 강점기는 정확히 34년 11개월 16일이니까요. 식민 사관에 젖은 친일 사학자들이 햇수만 따져 일제 36년이라 주입했는데 이제라도 '일제 35년'으로 표기해야 합니다.

한편, 한일 병탄 조약은 1965년 한일 국교를 정상화하는 한일 기본 조약에서 무효임을 확인받았으나, 35년 동안이나 참혹하게 수탈당한 뒤의 일이라 큰 의미는 없습니다.

1965년 한일 기본 조약

# 미워도 함께 가야 할 숙명의 이웃

"빨갱이!"

"부르주아!"

'빨갱이'는 1950년대에 공산주의자를 비난하는 말이었고, '부르주아'는 자본주의 사회에서 기업을 소유하고 노동자를 고용하여 경영하는 사람을 이르는 말이었습니다.

다시 말해 자본주의 국가에서 빨갱이는 없어져야 할 존재였고, 공산주의 국가에서 부르주아는 타도해야 할 대상이었습니다. 빨갱이는 노력하지 않고 무조건 평등만 주장하는 사람, 부르주아는 많은 노동자가 힘들여 번 돈을 혼자 차지하는 사람으로 비친 까닭입니다.

서로 상대의 나쁜 점만 바라본 데서 나타난 현상이었지요. 이런 분위기는 이른바 냉전으로 이어졌고, 한국 외교에 큰 영향을 끼쳤습니다.

"이거 생각을 달리해야겠군."

제2차 세계 대전이 끝나자 세계정세는 급격히 바뀌었습니다. 전쟁 중에 독일과 일본을 상대로 함께 힘을 합쳐 싸웠던 미국, 소련, 중국이 각기 다른 셈을 하며 갈라섰기 때문입니다.

소련과 중국은 같은 이념의 공산주의 국가이기에 협조적 관계를 유지했지만, 미국은 자본주의 국가로서 적대적인 관계에 놓였습니다.

"일본까지 공산국가가 되도록 할 수는 없지."

소련이 동유럽의 8개 나라를 공산국가로 만들고 이어 아시아로 눈을 돌리자, 미국은 위기의식을 느끼고 대응에 나섰습니다. 일본마저 공산국가가 되면 태평양과 미국 본토가 위협받게 되는 까닭입니다.

"쾅! 쾅쾅!"

1950년 6월 25일 남한에 대한 북한의 침입으로 시작된 한국 전쟁은 이념 대결을 격화시키는 역할을 했습니다. 북한은 소련과 중국의 지원을 등에 업은 채 침공했으며, 미국은 유엔군과 함께 참전하여 남한을 도왔습니다.

"태평양 각지에 흩어져 있는 차량, 병기, 탄약 등을 가져와서 쓸 수 있는 무기로 재생하라!"

이때 미국은 일본에 군사 기지와 군수 공장 시설을 두었는데, 이로 인해 패전국 일본은 빠른 속도로 산업 발전의 효과를 보았습니다. 한민족은 한국 전쟁에서 가장 큰 피해를 보았지만, 일본은 가장 크게 이득을 본 것입니다. 한국 전쟁이 일어나지 않았다면 일본은 그렇게 빨리 부활할 수 없었을 것입니다.

"일본을 동반자로 삼는 게 전략적으로 미국에 유리하겠어."

미국은 1951년 일본과 '미일 안보 조약'을 체결하여 동맹국 관계가 된 뒤, 한국과 일본 두 나라에 외교 관계를 수립하라고 촉구했습니다. 북한-중국-소련에 맞서 남한-일본-미국으로 맞대응하기 위함이었지요.

"36년간에 걸친 일본의 한국 통치는 한국 근대화에 유익한 대목도 많았다."

1951년 10월부터 한국과 일본은 협상을 벌였으나 나아지지 못했습니다. 1952년에는 일본 대표가 이런 망언을 해서 한국인의 분노를 일으켰습니다. 반일 성향이 강했던 이승만 대통령도 화를 냈습니다. 협상은 중단됐습니다.

그러다 1960년대 들어 두 나라에서 경제적인 관점에서 협상이 필요하다고 제기되었습니다. 우선 일본은 고도성장을 이룩하여 해외 시장을 개척하면서 한국에 눈독을 들였습니다.

"한국에 물건을 팔면 이익이 많이 늘어날 텐데."

이에 비해 한국은 1960년 4·19 혁명으로 제1공화국이 무너졌고 제2공화국이 들어섰으나, 1961년 5·16 군사 정변이 일어나면서 새로운 정부가 들어섰습니다.

5·16 군사 정부는 '국가 자주 경제 재건'을 목표로 삼고, 목표를 이루기 위해 대규모 자금 조달 방법을 모색했습니다.

"일본으로부터 자본을 들여오면 되겠군."

군사 정부는 한일 회담을 적극 추진했습니다. 일본은 기다렸다는 듯이 응했지만, 돈이 아쉬운 한국 형편을 알기에 서두르는 모습을 보이진 않았습니다.

회담은 우여곡절이 많았습니다. 일본이 손해 보지 않으려고 곳곳에서 유리한 내용을 주장했기 때문입니다. 특히 한국 침략에 대한 보상 차원의 청구권 금액과 독도 문제에서 의견이 좁혀지지 않았습니다.

"제가 나서겠습니다."

1962년 10월 당시 중앙정보부장 김종필이 일본으로 가서 오히라 외무장관과 큰 틀에서 합의하고 돌아왔습니다. 그 주요 내용을 살펴보면 다음과 같습니다.

1. 무상 공여로 3억 달러를 10년에 나누어 제공하되, 한일 청산 계정에서 대일 부채로 남은 4573만 달러는 3억 달러 중에서 상쇄한다.
2. 대외 협력 기금 차관으로 2억 달러를 10년에 나누어 제공한다. (정부 차관)
3. 수출입은행 조건 차관으로 1억 달러 이상을 제공한다. (민간 차관)

일제 식민지에 대한 대가치고는 터무니없이 적은 금액이었습니다. 침략에 대한 진심 어린 공식적 사과도 없었고요. 그렇지만 시급히 경제 개발을 추진하고 싶어 한 군사 정부는 일본과 청구권 문제와 어업 협정 문제 등을 타결하며 계속 밀어붙였습니다.

"굴욕적인 한일 회담을 즉각 중지하라!"

많은 한국인이 반성 없는 일본과의 외교 추진을 굴욕적으로 생각해 반대했습니다. 학생들은 거리로 나서서 적극적으로 항의했습니다. 군사 정부는 계엄령을 선포하여 반발을 힘으로 눌렀습니다. '계엄령'은 국가에 비상사태가 일어났을 때, 평화로운 질서를 위해 계엄사령관이 주요 권리를 행사하는 명령을 이르는 말입니다.

반대
반대
한일회담반대
반대
한일 회담을 즉각 중지하라
반대

"빨리 마무리하시오."

박정희 대통령의 지시에 따라 회담이 진행됐고, 1965년 6월 22일 일본 총리관저에서 기본 조약을 포함한 4개 협정이 정식으로 조인되었습니다.

한국 대표 이동원 외무장관과 일본 대표 시나 외무부장관이 그 자리에 있었습니다. 조약의 주된 내용은 다음과 같습니다.

제1조. 양국 간에 외교·영사 관계를 개설하고, 대사급의 외교사절을 교환한다.

제2조. 1910년 8월 22일 이전에 대한 제국과 일본 사이에 체결된 조약 등은 모두 '이미 무효임'을 확인한다.

제5조. 무역, 해운 및 기타 통상 관계에 관한 조약 체결을 위해 조속히 교섭을 시작한다.

이 밖에 일본이 무상자금 3억 달러와 장기저리 정부 차관 2억 달러 및 3억 달러 이상의 상업 차관(교환 공문)을 공여하기로 합의했습니다.

이로써 한국과 일본은 우호적인 이웃 국가 관계가 됐습니다. 1905년 을사늑약을 체결한 지 60년 만의 일이었습니다.

## 한일 기본 조약 의의와 평가

한국 쪽이 아쉬워서 서두른 만큼, 조약을 냉정히 살펴보면 그다지 만족할 만한 내용이 아닙니다. 가장 큰 문제는 식민지 지배에 대한 일본의 공식적인 사과를 받아내지 못했다는 것입니다.

'일본의 대한 제국 병탄에 대해 무효임을 확인한다'라는 내용의 제2조만 하더라도 한국과 일본의 풀이가 다릅니다. 한국은 '병탄 자체가 불법으로서 원천 무효임을 밝혔다'라고 해석하지만, 일본은 '병합 조약은 합법이며 다만 해방을 기점으로 비로소 무효가 됐다'라고 해석하고 있습니다.

한일 외교 수립에 가장 큰 역할을 한 김종필은 뒷날 이렇게 말했습니다.

"내가 이완용이 소리를 들어도 그 길밖에는 없다고 생각했다. 조금 적은 액수이더라도 빨리 공장을 세우고 기술을 배웠기에 우리 경제 성장이 빨랐다. 후회하지 않는다."

김종필의 주장대로 한국이 얻은 것은 수억 달러에 달하는 자금이었습니다. 실제로 한국 정부는 대일 청구권을 통해 얻은 자금으로 1966~1975년도 사이에 빠른 경제 성장을 이룩했습니다.

한국 경제사에 큰 획을 그은 포항제철도 이 과정에서 탄생했습니다. 여러 경제학자가 놀라운 경제 기적이라고 높이 평가했으나, 어떤 경제학자는 누구라도 그런 상황이라면 똑같은 경제 기적을 이뤄냈을 것이라고 평가하기도 합니다.

그렇지만 건물이 높이 올라간 만큼 그늘도 컸습니다. 일본 상품에 많이 의존하면서 대일 무역 적자가 심각해졌으며, 다른 부문에서의 피해도 컸습니다.

바다의 경우 일본 측 주장대로 12해리 전관 수역을 설정함으로써 일본이 그 너머 넓은 바다의 물고기를 싹 쓸어가는 상황이 벌어졌습니다.

1해리는 1.852킬로미터이므로 12해리는 22.2킬로미터가 됩니다. 더 멀어지는 곳은 공동 수역이라 해서 누구든 조업할 수 있는데, 그 무렵 일본 배들의 성능이 더 뛰어났기에 한국으로서는 불리한 내용이었습니다.

그런가 하면 일본은 한일 기본 조약에 명시된 금액이 식민지 배상금 성격인 동시에 경제 협력이라는 입장을 보였습니다. 나아가 별도의 '재산과 청구권에 관한 문제의 해결 및 경제 협력에 관한 협정'에 다음과 같은 내용을 담았습니다.

"1945년 8월 15일 이전에 발생한 일에 관해서는 어떠한 주장도 할 수 없는 것으로 한다(상대 국가에 대한 개별 청구권 포기)."

한국 정부는 그 요구를 받아들였습니다. 하여 심각한 피해를 본 한국인 누구도 일본에 개인적으로 보상을 청구할 수 없게 되었습니다.

일본군에게 끌려가 모진 고생을 당한 위안부 여성도, 탄광에서 강제 노역하며 돈을 전혀 받지 못한 한국인 노동자도 억울함을 해소할 방법이 사라진 것입니다.

일본 정부는 식민지 시절 착취에 대한 보상을 청구하는 한국인에게 이렇게 큰소리쳤습니다.

"당신네 정부에 준 돈에 모든 것이 담겨 있으니, 우리는 이제 책임이 없소."

또한 더불어 체결된 '문화재와 문화 협력에 관한 협정'으로 인해 일제가 식민지 한반도에서 강제로 뺏어간 수많은 문화재를 일본의 소유로 인정하는 결과를 낳았습니다.

<몽유도원도> 같은 국보급 문화재를 비롯해 가치 높고 희귀한 문화재들이 일본에 많이 남아 있지만, 지금도 찾아오지 못하는 이유입니다. 한일 기본 조약 체결 뒤 약간의 유물을 돌려받았으나, 그건 그야말로 마지못한 성의 표시에 지나지 않았습니다.

그러므로 한일 기본 조약은 하나를 얻고 더 많은 걸 잃은 협정이라고 말할 수 있습니다. 바로 옆에 있으므로 미워도 함께 살아가야 할 숙명적인 이웃 국가이지만, 반성 없는 상태에서의 어설픈 화해는 똑같은 일이 반복될 가능성이 크다는 것을 생각하면 더욱 그렇습니다.

1966년 주한 미군 지위 협정

# 주한 미군을 위한 한미 행정 협정

"한강에 괴물이 나타났다!"

2006년 개봉되어 큰 화제를 낳으며 흥행에 성공한 영화 <괴물>은 제목 그대로 괴물을 소재로 한 영화입니다.

어느 날 한강에서 나타난 괴물이 사람들을 공포로 몰고 전염병까지 걱정하게 했는데, 한 가족이 괴물에게 납치된 아이를 구하기 위해 사투를 벌인다는 내용이지요.

아이의 아버지는 갖은 고생 끝에 괴물로부터 아이를 구해내지만, 이미 숨진 뒤여서 슬픔에 젖은 얼굴로 아이를 안고 나오는 끝 장면이 매우 뭉클했던 영화였습니다.

"누구의 도움도 받지 못한 채 처절하고 외로운 사투를 벌여야 했던 우리의 가족들을 생각하면 지금도 가슴이 아프다. <괴물>은 그들에게 바치는 영화다."

이 영화를 연출한 봉준호 감독은 제작 후기를 말하면서, '맥팔랜드 사건'에서 한강의 돌연변이 괴물에 대한 영화적 착상을 얻었다고 밝혔습니다. '맥팔랜드 사건'이란 무엇일까요?

“어라, 먼지가 많이 쌓여 있네. 지금 즉시 싱크대에 쏟아부어 버리게.”

2000년 2월 9일 용산 미8군 기지 영안실에서 영안실 부책임자인 앨버트 L. 맥팔랜드가 포름알데히드 20상자를 싱크대 하수구에 버리라고 지시했습니다.

‘포름알데히드’는 영안실에서 시체 부패 방지용 방부제로 이용하고, 가죽을 다듬거나 폭약을 만들 때도 쓰는 독성 물질입니다. 폐기할 때는 반드시 화학 처리를 해야 합니다.

그런데도 그냥 배수구에 버리라고 한 것이며, 한 상자당 475밀리리터, 총 480병이나 되는 많은 양이었습니다.

“여기에 버리면 식수원(식용으로 쓰이는 물의 근원)인 한강에 흘러가게 됩니다. 암과 출산 장애를 일으키는 물질이므로, 그렇게 할 수 없습니다.”

실행 명령을 받은 한국인 군무원은 이렇게 말하며 거절했습니다. 맥팔랜드는 심하게 욕하면서 어서 빨리 명령을 따르라고 재촉했습니다. 약간의 실랑이 끝에 담당 군무원은 명령대로 실행했습니다.

“으엑!”

약품 처리를 한 담당자는 마스크를 썼음에도 메스꺼움과 두통에 시달렸습니다. 얼마나 고통이 심했던지 이후 며칠 병가를 내고 몸을 치료했습니다.

담당자를 비롯해 여러 한국인 군무원들이 이 일에 대해 항의하자, 미군 사령부는 이렇게 대답했습니다.

"물로 희석하면 인체에 해롭지 않다. 한강에 버리는 것은 결국 물에 희석됨으로 아무 문제가 없다."

격분한 한국인 군무원이 그해 7월 한국환경시민단체에 그 사실을 알렸습니다. 이 사건을 통해 미군이 포름알데히드 같은 유독 물질을 정화 처리하지 않고 멋대로 한강에 버려왔다는 사실이 드러났습니다. 이는 서울 시민을 상대로 한 주한 미군의 명백한 범죄 행위였습니다.

환경시민단체는 독극물을 한강에 무단 방류하도록 지시한 혐의로 맥팔랜드를 고발했습니다. 우여곡절 끝에 정식 재판이 진행됐으나 맥팔랜드는 다음과 같이 말하며 법원에 출석하지 않았습니다.

"소파(SOFA) 규정에 따르면, 공무 중 발생한 일이기에 재판권은 대한민국이 아니라 미군에 있다."

이 사건을 맡은 판사는 한국 법원을 무시한 맥팔랜드에게 유죄를 선고했습니다. 이는 대단히 용기 있는 판결이었습니다. 범죄를 저지른 미군에 대한 유죄 판결은 당연해 보이지만 그동안의 현실은 그렇지 않았기 때문입니다.

그런데도 맥팔랜드는 실질적 처벌을 받지 않은 채 미국으로 무사히 돌아갔습니다. 어찌 된 일일까요?

그 이유를 알려면 맥팔랜드가 언급한 소파(SOFA)를 살펴봐야 합니다. '소파(SOFA)'란 무엇일까요?

정식 명칭은 '대한민국과 미국 간의 상호 방위 조약 제4조에 의한 시설과 구역 및 대한민국에서의 미국 군대의 지위에 관한 협정'입니다. 줄여서 흔히 'SOFA(Status of Forces Agreement)' 또는 '주한 미군 지위 협정'이라고 말합니다.

'한미 행정 협정'이라고 불리는 주한 미군 지위 협정은 우리나라의 특수한 상황을 고려해서 맺은 조약으로, 그 유래는 1950년대로 거슬러 올라갑니다.

"미군이 한국에서 활동하려면 한국 정부가 보장해 줘야 할 일이 있습니다."

한국 전쟁이 발발한 뒤인 1950년 7월 대전에서 '재한 미국 군대의 관할권에 관한 대한민국과 미합중국 간의 협정'이 체결됐습니다. 한국 전쟁이 끝난 뒤에도 미군은 한국에 주둔했는데, 주한 미군 중 일부가 한국인을 죽이거나 이유 없이 때리거나 성폭행을 저질렀습니다.

"주한 미군은 반성하고 사과하라! 그렇지 않으면 물러가라!"

치외 법권적 특권을 가진 주한 미군이 잇달아 만행을 저지르자 한국인들 사이에서 반미 의식이 높아졌습니다. 하여 미국과 한국은 '주한 미군에 대한 법적인 권리'를 두고 다시 협상을 벌이기 시작했습니다.

한국과 미국은 이런저런 내용을 두고 줄다리기 끝에 1966년 7월 9일 주한 미군 지위 협정을 체결했습니다.

"뭐가 달라진 거지?"

그렇지만 한국인 입장에서 보면 크게 나아진 것이 없었습니다. 온전히 주한 미군 우대 중심이었던 '대전 협정'을 개선했다고는 하지만 여전히 주한 미군 보호에만 초점이 맞춰져 있었으니까요.

가장 큰 문제는 형사 재판권입니다. 본문 22조를 보면 다음과 같이 규정되어 있습니다.

'한미 양측의 재판 관할권이 경합할 경우 공무 수행 중 일어난 일에 대해서는 미군이 1차 관할권을 가진다.'

이 말은 주한 미군이 범죄를 저질러도 한국 법원이 처벌할 수 없다는 뜻입니다. 한국에서의 형사 재판권 포기를 법률로 명시한 것이니까요.

더구나 범죄인지 아닌지에 대한 판단도, 공무인지 아닌지에 대한 판단도 미국이 하므로 그들이 무죄라고 하면 대응할 방법도 없습니다.

"나는 주한 미군에 속한 미국 군무원이므로 한국 법원 따위는 무시해도 괜찮아."

앞서 맥팔랜드가 오만하게 나온 이유가 바로 여기에 있습니다. 이것뿐만이 아닙니다.

2002년 6월 한일 월드컵이 한창일 때 신효순, 심미선 두 여학생이 미군 장갑차에 깔려 죽는 참변이 일어났을 때도, 주한 미군 측은 다음과 같이 말하며 자신들이 재판하겠다고 했습니다.

"소파(SOFA) 규정상 대한민국 내 미합중국 병사들의 훈련 중 사고. 즉 공무 집행과 관련된 범죄는 미군 측이 그 재판권을 가진다."

주한 미군 군사 재판부는 사고를 일으킨 미군 병사들에게 무죄를 선고했고, 미군 병사들은 안전하게 미국으로 돌아갔습니다. 그해 11월이 사건이 뒤늦게 알려지자 한국인들은 촛불 추모 집회를 열어 주한 미군의 만행을 규탄했지만, 범죄자들에게 그 어떤 실질적 처벌도 이끌어내지는 못했습니다.

소파 협정
개정하라!

## 주한 미군 지위 협정 의의와 평가

주한 미군 지위 협정은 필요한 조약입니다. 우리가 미군의 도움을 받으려면 어느 정도 지위를 법으로 보장해 주어야 하니까요. 그러나 한국이 주권을 포기하는 정도까지의 특혜는 마땅히 바로잡아야 합니다.

지나치게 불평등하다는 여론 때문에 1991년과 2001년 두 차례에 걸쳐 개정되기는 했으나 핵심적인 독소 조항은 그대로인 상태입니다.

한국 정부는 주한 미군을 보호하기 이전에 한국 국민을 보호해 줘야 하고, 미국은 한국인을 존중하면서 미군을 주둔시켜야 합니다.

미국이 한국에 미군을 주둔시키는 이유는 북한의 도발에 대비함이 목적이지만, 한편으로는 자국의 군사 무기를 한국에 팔아 경제적 이득을 취하려는 목적도 있습니다.

주한 미군 주둔비로 내는 방위비 분담금도 한국 정부가 상당 부분 처리해 주고 있습니다. 미국은 주한 미군을 통해 중국을 견제하기도 합니다. 미국이 한국을 일방적으로 도와주는 일이 아니라는 얘기입니다.

그런데도 주한 미군 지위 협정 때문에, 한국인을 상대로 형사 사건을 일으킨 주한 미군을 처벌하지 못하는 현실이 정말 안타깝습니다.

US.
50000
오만원
50000

2002년

한국·칠레 자유 무역 협정(FTA)

# 출입문을 활짝 여는 조약

"바나나가 얼마에요?"

"한 송이에 5천 원입니다."

요즘 우리나라에서 바나나는 값이 그다지 비싼 편이 아닙니다. 하지만 예전에는 값비싼 과일로 여겨졌습니다.

1974년 빙그레에서 출시한 '바나나맛 우유'가 선풍적 인기를 끌었을 정도였습니다. 바나나가 귀한 과일이어서 쉽게 맛보기 어려워, 서민들이 바나나맛 우유를 사 먹은 것이었지요.

"우리는 바나나를 어디서나 싸게 사 먹을 수 있다네."

열대 지방 국가에서 바나나는 값이 저렴한 대중적인 과일인데, 어찌 된 일이었을까요?

그 이유는 관세에 있습니다. '관세'는 국경을 통과하여 들어오는 상품에 대하여 부과하는 세금을 이르는 말입니다. 당시 바나나도 우리나라에 들어올 경우 높은 세금이 붙어 비싸졌습니다. 우리 농촌의 과일 가격을 어느 정도 지켜 주기 위해서 그런 것이었죠.

"우리 서로 상대국 물품에 대하여 세금을 면제하거나 낮게 책정하는 건 어떻겠습니까?"

세계적으로 산업이 발달하면서 농산품 중심 무역이 점차 공산품 위주로 변하면서 관세를 조정할 필요성이 생겼습니다. 나아가 필요한 물품을 사고팔 때 서로 유리하도록 아예 관세를 없애자는 움직임도 일어났습니다. 자국에 많은 물품을 팔면서 동시에 부족한 걸 값싸게 수입해 두 나라가 서로 이익을 보자는 것이었습니다.

"우리나라에는 포도가 흔하니 외국에 싸게라도 파는 게 좋습니다."

"우리나라는 자동차를 파는 게 유리하니, 포도에 대한 관세율을 없애 주고 차를 수출합시다."

이렇듯 양국의 이해관계가 맞을 경우 관세를 없애지 않을 이유가 없습니다. 하여 2003년 2월 한국과 칠레가 자유 무역 협정(FTA)에 서명했습니다.

이 조약은 1999년 12월에 협상을 시작했고, 국회 인준을 거쳐 이듬해인 2004년 4월부터 발효됐습니다. 우리나라로서는 처음 외국과 체결한 FTA였습니다.

수출
수출

FTA는 Free Trade Agreement의 줄임말이며, 자유로운 경제 활동을 위한 무역에 관한 국제 조약을 이르는 말입니다.

어느 나라이든 자국 기업이나 산업을 보호하고자 관세를 매기고 있는데 그 관세를 없애서 국경에 상관없이 비슷한 가격으로 판매할 수 있게 하자는 조약이지요.

"자기 나라에서 1만 원에 파는 걸 다른 나라에서도 1만 원에 팔겠다는 뜻이군."

그렇습니다. 관세를 매길 경우 1만 원 상품은 2만 원이 될 수도 있고 3만 원이 될 수도 있습니다. 대개 물품을 수입할 때는 자기 나라 상품보다 저렴한 걸 가져와서 팔아야 이득이 나므로, 관세가 적용되지 않으면 수입업자가 가격을 높게 책정하지 않는 한 비슷한 가격으로 팔리게 되는 것이지요.

"그런데 왜 칠레와 처음으로 FTA를 체결한 걸까?"

그 시기에 우리 정부가 칠레를 FTA 첫 대상국으로 선택한 것은 전략적 판단에 따른 조치였습니다. FTA는 수출하는 입장에서는 유리하지만, 수입하는 입장에서는 유리한 점과 불리한 점이 모두 있기 때문입니다.

"소비자는 싸게 살 수 있으니 좋은 거 아닐까?"

"반면에 국내 생산자는 값을 낮춰야 하니 손해를 보게 되겠지."

우리나라는 공산품을 주로 수출하지만, 한편으로 농촌 경제를 보호해 줘야 하는 의무도 있습니다.

공산품을 수출하고 농산품을 관세 없이 받아들이면 우리 농촌은 심각한 피해를 볼 가능성이 큽니다. 그런 만큼 국내에 충격이 덜 가면서도 수출 효과가 높은 국가를 골라야 합니다.

칠레는 그 무렵 우리나라와 무역이 많지 않기에 국내에 미치는 영향이 적은 데다 중남미 시장 진출을 위한 거점 국가로 활용하고자 택했던 것입니다.

"모두가 이익을 보기는 힘들구나."

이후 우리나라는 칠레에 전자 제품과 자동차 등을 수출하고 있고, 칠레로부터 포도와 와인을 비롯한 농산품과 해산물을 들여오고 있습니다. 우리나라에서는 비싼 생선인 홍어도 칠레에서 수입되고 있고요.

우리나라의 FTA 체결 현황
EFTA
4개국
EU
28개국
터키
중국
대한민국
인도
베트남
ASEAN
10개국
싱가포르
호주

이후 우리나라는 다른 나라들과도 차례로 FTA를 체결했습니다. 싱가포르와 EU(유럽 연합), ASEAN(동남아시아 국가 연합)과 체결했으며 이어 미국, 페루, 호주, 터키, 중국, 베트남 등과도 FTA를 체결했습니다. 지금도 많은 나라와 이야기하고 있으므로 FTA는 계속 체결될 것입니다.

## 자유 무역 협정의 의의와 평가

관세 없는 무역 협정은 수출 기업, 수출 중심의 국가에 유리한 조약입니다. 수출 기업이 관세를 물지 않고 수출할 수 있다면, 이익이 많아지고 판매 시장이 세계 전역으로 넓어져 더 많은 물품을 생산하기 위해 시설이나 일자리를 늘릴 수 있게 됩니다.

이에 비해 물품을 수입하는 나라의 경우에는 두 가지 현상이 나타납니다. 소비자는 비싸게 사던 물품을 싸게 살 수 있어 좋지만, 생산자는 수입품과 경쟁해야 하므로 판매 이익이 줄어들게 됩니다.

"더는 가격을 낮출 수 없는데 어떡하지?"

여기에서 문제가 일어납니다. 생산자가 가격을 낮추려고 해도 생산 단가가 높으면 그렇게 하기 힘들거든요.

예컨대 소를 키우는 사람은 먹이와 키우는 기간을 계산해야 하고, 농사를 짓는 사람은 비료와 재배 기간을 따져야 하니까요.

그걸 모르는 소비자들이 수입품만 사면 어떻게 될까요? 생산자는 생산을 포기하게 되고, 국내에 경쟁자가 없어지면 수입품 판매업자가 가격을 올릴 가능성이 큽니다.

장사하는 사람은 되도록 많은 이익을 남기려는 속성이 있는 까닭입니다. 쌀의 경우에는 우리나라에서 농사짓는 사람들이 대폭 줄어들면 수입업자가 쌀 가격을 높여 팔아도 소비자는 마땅히 대응할 방법이 없습니다.

“외국 자본이 많이 들어와 일자리가 늘어날 것입니다.”

1994년 세계 최초로 미국과 FTA를 체결한 멕시코 살리나스 대통령은 이렇게 말하며 FTA의 당위성을 강조했습니다. 그러나 결과는 그렇지 않았습니다.

외국 자본은 멕시코의 국유 산업과 대기업을 사들인 다음 물품값을 대폭 올렸으며, 경비를 줄이겠다는 명목으로 수많은 노동자를 해고했습니다. 하여 많은 중소기업과 자영업자들이 파산했으며, 전기료와 수도료 등이 과다하게 올라서 서민들은 허리를 휘청거리며 살게 됐습니다.

뒤늦게 살리나스와 그의 가족이 엄청난 뒷돈을 외국 기업으로부터 받고 국민의 이익을 넘겼다는 사실이 밝혀졌지만, 다시 돌릴 방법이 없었습니다.

"조약 품목을 냉철하게 판단하고, 조약 내용이나 추진 과정에 대한 감시도 잘해야겠구나."

그러므로 자유 무역 협정은 필요하기에 체결한다고 해도 여러 가지를 신중히 검토해서 결정해야 합니다. 기업과 국민 전체에 끼치는 영향이 막대하고, 당장은 물론 멀리까지 내다봐야 하니까요.

한편 FTA의 본래 취지는 모든 분야의 관세와 수입 제한을 없애는 것이지만, 협상에 따라 일부 품목은 수입을 금지하거나 관세를 물리기로 합의할 수도 있습니다.